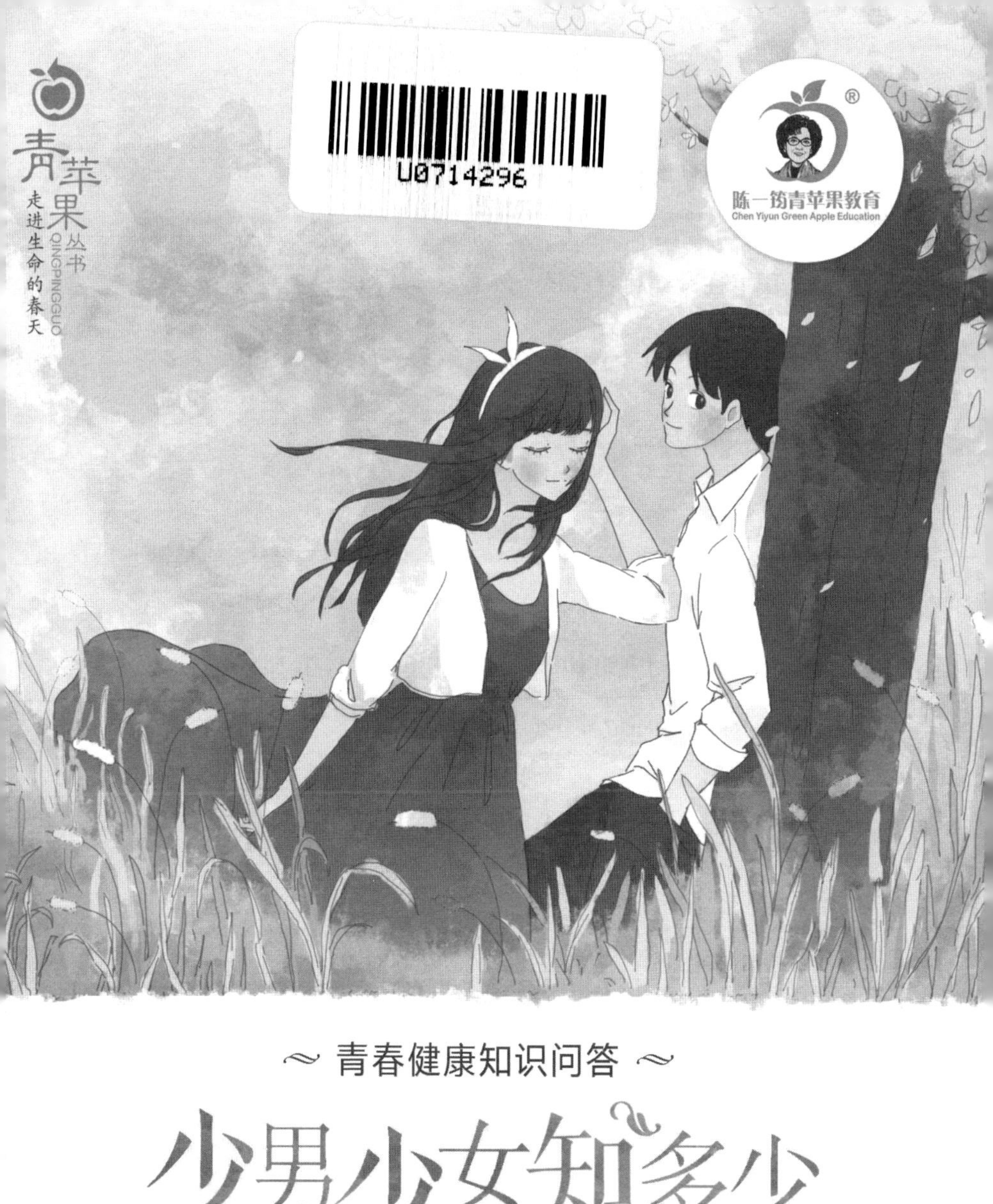

~ 青春健康知识问答 ~

# 少男少女知多少

陈一筠　主编

中山大学出版社
·广州·

**版权所有　翻印必究**

**图书在版编目（CIP）数据**

少男少女知多少/陈一筠主编. ——广州：中山大学出版社，2017.10

（青苹果丛书）

ISBN 978-7-306-06131-7

Ⅰ.①少… Ⅱ.①陈… Ⅲ.①青春期—健康教育—问题解答 Ⅳ.①G479-44

中国版本图书馆 CIP 数据核字（2017）第 184903 号

SHAONAN SHAONV ZHI DUOSHAO

| | |
|---|---|
| 出 版 人： | 徐　劲 |
| 策划编辑： | 金继伟 |
| 责任编辑： | 张　蕊 |
| 封面设计： | 高少波 |
| 责任校对： | 刘丹萍　王　璞 |
| 责任技编： | 何雅涛 |
| 出版发行： | 中山大学出版社 |
| 电　　话： | 编辑部 020-84110771，84113349，84111997，84110779<br>发行部 020-84111998，84111981，84111160 |
| 地　　址： | 广州市新港西路 135 号 |
| 邮　　编： | 510275　传　真：020-84036565 |
| 网　　址： | http://www.zsup.com.cn　E-mail: zdcbs@mail.sysu.edu.cn |
| 印 刷 者： | 广州市友盛彩印有限公司 |
| 规　　格： | 880mm×1230mm　1/32　5.5 印张　101 千字 |
| 版次印次： | 2017 年 10 月第 1 版　2023 年 10 月第 15 次印刷 |
| 定　　价： | 32.00 元 |

**如发现本书因印装质量影响阅读，请与出版社发行部联系调换**

## ~ 主编的话 ~

春姑娘摇响风铃,宣告花季到了。 祝福每一位步入花季的少男少女,人生从此翻开了新的一页。

生命因青春而美丽,花季充满生机与活力。"一年之计在于春",没有春的播种,哪有夏的耕耘、秋的收获、冬的恬静? 让我们珍视人生的春天,赞赏美丽的花季!

可是,花季的天空并非总是阳光明媚,难免会有乌云和风雨。 当青春体貌初展多姿的风采,成长的烦恼却已在扰乱少男少女的心绪:昔日的那个"我"哪里去了? 今日的"我"为何找不到位置? 面临身体急风暴雨般的变化,少男少女们时而欣喜,时而忧虑。 在困惑不安的青春体验与期盼中,他们多么渴望知晓青春的奥秘:女孩的身体为什么和男孩的不一样? 月经

少男少女知多少

是怎么回事？ 流血会不会伤身体？ 性冲动正常吗？ 性梦是怎么回事？ 手淫是不是下流之举？ 我为什么会迷恋那位异性同学？ 少年男女之间可以有纯真的爱吗？ 种种疑问，在少男少女的内心翻腾不止，扑朔迷离。

面对敏感多疑的父母和忧心忡忡的老师，少男少女对种种问题难以启齿。 原本以为无可非议的举动，却受到父母和老师的怀疑。 有人因青春的迷惘寝食难安，心绪不宁；有人试图在医学书里寻找答案，但一大堆术语和迷宫般的图表使人不得要领；书摊上花花绿绿的报刊里，多半讲些成年人的悲欢离合，读来更令人生疑。

《少男少女知多少》一书主要回答青少年朋友在青春期生理、性心理、两性交往及性保健方面的一些疑问。 虽然它远远不能涵盖青春期的全部知识，但涉及的问题却是青少年遇到的最普遍、最集中，也是最需要及时知晓的。

但愿此书能作为少男少女的良师益友，伴随着孩子们愉快地享受生命的春天，走向健康幸福的人生。

2017 年 6 月

## 青春奥秘来自性

1. 生命是怎样孕育和诞生的/2
2. 男女性别是怎样形成的/4
3. 什么是"早熟"和"晚熟"/6
4. 为什么会有性冲动/9
5. 女孩为什么来月经/12
6. 女孩痛经该怎么办/14
7. 为什么会出现月经紊乱/17
8. 怎样判断月经是否正常/19
9. 白带多、有异味是不是病/22
10. 处女膜有什么作用/24
11. 少女乳房怎样才算发育正常/26
12. 男孩乳房为什么也会隆起/29
13. 男孩阴茎为何勃起/31
14. 阴茎是否太小/33

15. 为什么早晨容易阴茎勃起/35

16. 睾丸时常疼痛是怎么回事/37

17. 从未遗精的人有生育功能吗/39

18. "梦遗"是怎么回事/40

19. "一滴精十滴血"的说法正确吗/43

## 身心健康须呵护

20. 青春期如何保证营养/46

21. 睡眠对青春健康有何影响/49

22. 少女何时该戴乳罩/51

23. 少女清洗阴部有何讲究/55

24. 少女月经期怎样保健/57

25. 外阴瘙痒要看医生吗/59

26. 少女为什么不宜穿高跟鞋/61

27. 睾丸外皮瘙痒怎么办/63

28. 手淫有害健康吗/65

29. 为什么色情读物有害/68

30. 怎样战胜讨厌的青春痘/70

31. 包皮过长或包茎怎么办/72

32. 穿紧身裤有何害处/75

33. 月经停止是否表明怀孕/77

34. 意外怀孕该怎么办/79

35. 什么是性病，怎样预防/81

36. 艾滋病能治愈吗/85

37. 少女怎样预防性侵犯/88

38. 如何对待性骚扰/91

39. 吸毒对健康有何危害/94

40. 毒贩子如何引诱青少年/96

## 最是敏感儿女心

41. 青春期为何烦恼多多/100

42. 为不漂亮而烦恼怎么办/102

43. 常有性幻想怎么办/104

44. 为什么怕见人/107

45. 怎样克服自卑心理/111

46. 爱看裸体画是否心理变态/114

47. 我失去"贞洁"了吗/117

48. 克制性冲动有害健康吗/119

49. 我是不是同性恋/121

50. 医生有权过问少女隐私吗/124

51. 少女该不该整容/127

## 伊甸园的果子未成熟

52. 男女生为何彼此疏远/132

53. 看到异性为何想入非非/134

54. 在异性面前有表现欲正常吗/136

55. 为什么怕接触女生/139

56. 怎样摆脱单相思之苦/142

57. 触碰异性为何有"触电"感觉/145

58. 恋上老师怎么办/148

59. 男老师可以吻我吗/151

60. 收到情书该怎么办/154

61. 未成年人发生性行为有何后果/157

62. 可否接受他的约会邀请/159

63. 青春友情为何难以天长地久/162

64. 初恋情结为何令我刻骨铭心/164

# 青春奥秘来自性

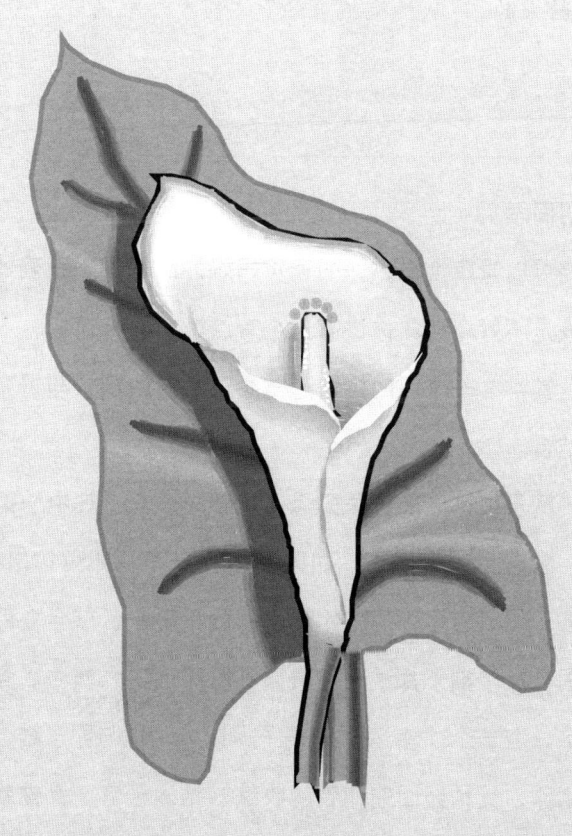

## 1. 生命是怎样孕育和诞生的

我很想知道我是从哪里来的。爸爸妈妈说我是"从河边捡来的""从医院抱来的""别人送来的"……究竟是怎么回事啊?

黎 明

**黎明同学:**

可以肯定地说,你的爸爸妈妈的回答是不正确的。他们大概是不好意思向你讲解这个有点敏感的问题吧。

其实,一个新的生命通常始于父亲的精子与母亲卵细胞的结合。

精子被排出后会争先恐后地游向子宫,其中一部分"先锋"快速到达输卵管。如果那里正好有从卵巢排出的卵子,那么,像长着尾巴的小蝌蚪一样的精子们,就会立即将卵子包围,每个精子都试图穿透卵细胞膜而进入其中。竞争的结果,只有一个"幸运"的精子得以成功地与卵子结合,形成受精卵,受精卵因输卵管的收缩被推入子宫。女性就这样怀

## 3. 什么是"早熟"和"晚熟"

我今年才10岁，可是已经来潮了，而且已经长出了阴毛，乳房也比较胖大，我非常害怕体格较矮，为了使身体长得高一些，妈妈她能给我吃了一些最新的新药品，不知道不是这小岛因体真的早熟？

杨柳

### 杨柳同学：

少男少女性发育的出现都有迟早，这是因人而异的。为发育延迟者，如乳房隆起、乳头颜色变深，再生发为女性特征延迟，自己来潮，女孩性发育延迟的指标为标准，一般认为，在校12岁以前月经没来潮、男孩9岁以前没有睾丸、阴茎发育等，即视为早熟。你为刚刚的姿态，早乳发育等、阴毛发育，作为判断的参考。

这应该察其性器官及第二性征，体重身长及体化上。每个人的发育时间和发育状况可以有几万的差别。有些青春期发育开始早，结束也早，他们的身体发育会紧紧其他同龄人并不是多久美丽的，不要一直坚持有差异1—2

青春期烦恼来自性

我害怕哪一天孩子长大了,"幸运星"、鼻屎般多多的鼻涕挂,也止是妈妈的挂挂,昔稚子和妹子等小小的小淡的僵,所以说,性别止可没挂,也不淡淡挂,无论是男是女,都应直身回答孩子的问。

## 2. 男女性别是怎样形成的

我们性别是由谁决定的呢？是由爸爸决定，还是由妈妈决定？

性事回答：

男女性别主要由性染色体决定的，而且是由爸爸精子里携带的性染色体来决定的。每个人的生命都起始于精子与卵子的结合，当精子和卵子那一瞬间开始结合的，精子与卵子各自带有一种染色体，即一种是X，另一种是Y；而精子的染色体又分成两种，一种是含有X染色体的精子与卵子结合（X+Y），另一种是Y染色体；当带有X染色体的精子与卵子结合（X+Y），未来就生儿子。当带有X染色体的精子与卵子结合（X+X），未来就生女儿。这是因为X+Y的染色精子和X+X的染色精子在生殖过程中分配的概率各占一半，所以每个妈妈主要的能孕育着男孩或女孩的可能是相等的；而且精卵结合的精子与卵子的结合是随机的，这也是自然选择的。

分了。

么样你为胎儿，他的孩子在内孕育成了胎儿所必需的生存基础，对胎儿的发育将着营养自己可以获得到的。一个月已经停止，二者的足够附着，胚胎的个体越膨胀。接着这些中把北回接纳胎儿的子宫的粘膜层不够紧贴，有恶心、呕吐和发热。

胎儿在母体内，通常怀孕长至266天，如果从第一个月已经来测算起，要怀孕280天。胎儿在母体内的发育是一般要经历四个阶段：第一阶段为第1～13周，长度可以达到10厘米，但还看不出性别；第二阶段为第14～25周，身体长到25～30厘米，各视察其器官可以看出来了，但是眼和耳都会闭，胎动率只有10%；第三阶段为第26～38周，胎儿体重可以达到4～6千克，身体各器官其稍长长，在胚上的神经毛发都能清晰，准备出世。

如月的胎儿一旦由母亲子宫收缩被强迫的真推出体外，这叫"自然分娩"。分娩过程中，母亲要经过一小时至数小时的疼痛。有的母亲因为身体的种种情况，难以进行自身分娩，就需要与医生和科医生施"剖宫产"。胎儿出生不久，即用儿从经明后里也接着两哇呱出来。

当那我们知道了父母的落生我们的痛楚，也懂得了今后来之不易。因此，我们要事心感谢父母，亲爱母亲，孝敬自己，珍惜生命。

年。因此，小学五、六年级的女孩一般比男孩高，但到中学后，男孩的身高会迅速赶上并超过女孩。对发育较早的孩子不能轻易扣上"性早熟"的帽子，因为发育早并不一定是性早熟。

即使是性早熟，也有体质性和病理性之分。性早熟会受遗传基因影响，但测定其内分泌激素并无异常。他们虽在发育初期超过同龄人，但一般在15岁后与同龄人并无多大差别。他们第二性征出现较早，但各种发育均衡，没有某一种性征突然加速的现象，这就是体质性性早熟，它和遗传基因有关。

需要警惕的是病理性性早熟。引起病理性性早熟的疾病有两大类：一是脑部的良性肿瘤，如脑瘤、松果体瘤等；二是脑损伤，如出生时发生脑外伤、脑积水，或婴幼儿时期患脑炎，有脑膜炎后遗症等。病理性性早熟需要及时到医院诊治。

杨环，由于对你性发育状况缺乏全面了解，很难下是不是性早熟的结论，只能给你及你的爸爸妈妈提出两个建议：一是让他们带你去医院检查一下体内的激素分泌水平是否在正常范围，以确定是否性早熟；二是你和爸爸妈妈应多学习营养知识，明白发育期保证足够的营养是应该的，作为生命营养要素的蛋白质、脂类、碳水化合物、矿物质、维生素等，是必须保证的，但并不是越多越好。过早服用补品更是

不恰当的，因为相当多的补品中含有激素，容易引发性早熟。

最后还应当指出，很多少男少女对性早熟还是晚熟特别敏感，往往产生不必要的顾虑（你并不在此列）。这种顾虑大约分为两个阶段：青春期发育开始时，男孩和女孩都害怕自己的身体发育冒尖，他们会对生殖器的变化感到害羞，生怕别人取笑自己，因而不愿去浴池和游泳池；随着大多数同龄人的发育成熟，他们就会不再紧张，变得十分坦然，但这时，不少人又开始害怕自己掉队，跟不上同龄者的水平了。总之，青春期的少男少女特别容易发生"早熟"或"晚熟"的疑虑。事实上，青春期的发育存在着较大差别。如果没有科学的检测做依据，是不好下早熟或晚熟结论的。

## 4. 为什么会有性冲动

我是一个16岁的男孩,不知为什么,最近总有些心神不宁。只要在大街上看到貌美的女性,或在电视中看到男女拥抱接吻的镜头,我就会异常兴奋,血液往上涌,阴茎会悄然勃起。甚至在课堂上,也禁不住胡思乱想,产生莫名的兴奋和冲动。我觉得自己变得很坏,想抑制不去看、不去想,可做不到。我在父母和老师的眼里一直是个品学兼优的孩子,如果他们知道我头脑里有那么多肮脏的东西,会怎么看我?我怎样才能做一个表里如一的人?

兆 和

**兆和同学:**

在你身上出现的情形是正常的,不必担心,更不必自责。这是青春期性意识萌发后产生的性冲动,别的青少年也会有这种经历,这是体内性激素作用的结果。具体地说,处于青春期的青少年,假如接受内外环境的刺激,如窃窃私语、异性体味体貌、抚摸、想象等,传导到大脑的有关中枢即形成性兴奋,并通过神经系统作用于生殖器官,导致其变化。男性表现为阴囊收缩、阴茎勃起,极度兴奋时还会有射精现象;女性表现为阴蒂和阴道壁的充血膨胀、黏液分泌增多。在产生这些生理变化时,心理也会产生兴奋和快感。

性冲动是随生理的发育、性功能的日趋成熟、性意识的萌动而出现的。男女从青春期开始,都会产生性冲动,只是原因有所不同。男性的性冲动容易被视觉刺激诱发,如女性形象或裸体的艺术品、图片等;女性的性冲动虽然也可能被各种带有"性"色彩的视觉形象所激起,但更易被触觉和听觉刺激引起。

性冲动虽是青少年青春期身心发展的反应,是正常的生理、心理现象,但是,这并不意味着可以随心所欲地放纵自己。因为性既有生理的层面,也有社会的层面。个人的性行为要受到诸多社会条件的约束。其实,每个人在绝大多数时间和场合,都是要克制本能的性欲冲动的。因此,青少年必须学会用理智驾驭自己的行为。要做到这一点,首先要培养良好的生活习惯,从心理上克制性冲动。

要养成良好的作息习惯,每天按时睡觉、按时起床;上床后不胡思乱想,尽快入睡;注意外生殖器的清洁,避免不洁之物刺激生殖器官;内衣裤要宽松,睡觉的姿势要放松,不要采用俯卧姿势,以免外生殖器受压迫和摩擦,引起性冲动。

此外,树立生活和奋斗的目标是十分重要的。实践证明,一个有理想的人,容易把精力放到自己感兴趣的事情上,专注于学业和事业,较少受欲望的驱动和外界的干扰,比较容易克制冲动。

兆和,你既然是一个品学兼优的孩子,相信你用理智控制自己的冲动并不难。你可以试试,有意识地转移自己对异性的关注,多做感兴趣的事,多参加集体活动和体育锻炼,你会感到心情舒畅,也会非常坦然。你也需要和班上的女同学交往,一起聊聊天,或一块儿打打球,这有助于消除你对异性的神秘感。这样的"脱敏"行动,或许可以帮助你缓解性冲动。

## 5. 女孩为什么来月经

为什么只有女孩才有月经呢？它是怎么形成的？

月 儿

**月儿同学：**

月经是女性子宫周期性出血的特殊生理现象。28～30天为一个月经周期，一般持续2～7天。人类是以胎生的方式繁殖后代的。胎儿生长发育的地方是母亲的生殖器官——子宫。子宫内膜随时做好准备，迎接新生命在子宫中"茁壮"生长。进入青春期的女孩，卵巢开始分泌两种激素，即雌激素和黄体酮，刺激子宫内膜产生变化。这种变化分为三个时期：

1. 增殖期。卵巢在未产生成熟的卵子之前，便开始分泌雌激素，刺激子宫内膜增厚。

2. 分泌期。当卵巢内的一个卵泡成熟破裂而排出卵子后，卵泡本身变成黄体，它分泌的黄体酮使子宫内膜继续增厚和充血，以备接受及滋养受精卵之用。因这段时期子宫内膜的分泌腺延长，并满载养液，故称为分泌期。

3. 行经期。如果卵子在排出后未能受精，黄体会慢慢萎缩。这时候，卵巢只能分泌少量的雌激素和黄体酮，使子宫内膜不能维持现状而剥落，血液与破碎的黏膜由子宫腔经阴道排出，这便是"月经"。这种经血排流有规律性，一般每月一次，故称"月经"。月经对子宫内膜的脱落起着清扫的作用。第一次来月经，称为"初潮"。大多数女孩的初潮在12～15岁，也有提前到9～10岁的，而推迟到16～17岁时月经才来的也属正常范围。每次月经出血总量在30～80毫升。有的女孩担心每月流那么多的血会不会影响健康。其实，经血并不是一般意义上的出血。因为经血是血液向身体提供养料后剩下的废物，因此来月经不会伤身体。

月经月复一月，周而复始，伴随女性几十年，直到50岁左右，卵巢停止排卵为止。月经的出现，是女孩人生中一个新的里程碑。它显示着你在生理上发生了质的变化，具备了孕育生命的能力。你不必为月经的到来而惊慌厌烦，要欣然地接受自己走向成熟的自然过程，更应当欣喜地庆贺自己长大成人了。月经初潮是女人生命史上的一个里程碑，它比一年一度的生日更值得女孩庆贺与自豪。

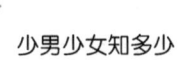

## 6. 女孩痛经该怎么办

每当月经来时我就感觉腹痛难忍,吃不下饭,睡不好觉,有时不得不请假休息。因此,我特别畏惧来月经。我们许多女孩都有这样的痛苦,为什么会这样?有什么办法能减少疼痛呢?

元 元

**元元同学:**

确实有许多女孩都有痛经现象。据对某市6所中学711名女生的调查,结果显示月经期间有腹痛现象的达330人,将近一半的女孩出现痛经。女孩们诉说,在月经来潮一两天后,会感到下腹部阵阵绞痛,甚至痛感向阴道、肛门和腰背部放射,致使身体其他部位不适。

究竟是什么原因引起痛经呢?目前,认为与以下因素有关。

1. 精神因素。疼痛是痛者的主观感受,个体的痛觉差异性很大。对于来月经时同样程度的疼痛,有人觉得能忍

受;有人精神紧张,感觉过敏,难以忍受。一些女孩由于缺乏这方面的知识和体验,听别人说来月经时肚子痛,就会产生紧张心理,以为每个人都会痛。所以自己来月经时,紧张心理加剧,在烦恼、抑郁、畏惧等情绪影响下感觉自己的肚子痛。还有的女孩会产生联想,看见阴道里流出那么多血,就想起其他外伤出血时的疼痛感,顿时就感觉肚子痛了,而且,越害怕越痛。由心理因素导致痛经的人在痛经者中占的比例不小。因此,要缓解痛经,一定要消除不良的心理暗示。

2. 子宫内膜整块排出。月经期子宫内膜一般成碎片随经血一起排出,因碎片体积小容易排出,故不觉疼痛。但有的少女来月经时,子宫内膜较大块地从宫颈口排出,由于未婚女孩宫颈口比较紧而小,加上不注意保暖,子宫血液循环不畅,瘀血内阻,使子宫内膜不容易排出,子宫体必然加剧收缩,从而出现腹痛。直至整块内膜排出后,收缩才缓解,腹痛消失。

3. 体质因素。医生们发现,有些少女平常无痛经,可是在健康状况不良时,如贫血或患了某种慢性疾病时,就会出现痛经现象。

4. 子宫发育不良。少女的子宫发育尚不完善,如子宫肌肉和纤维组织比例失调,致使子宫产生不协调收缩而引起痛经。还有的少女子宫颈管狭窄,子宫过度倾曲,以致经血

流通不畅，刺激子宫剧烈收缩，发生痛经。

5. 不注意经期卫生。例如，月经期剧烈活动、受寒，不注意饮食调节，吃了刺激性的食物等。心情抑郁也能诱发痛经。

6. 前列腺素水平。前列腺素可以刺激子宫肌肉和血管强烈收缩，引起子宫局部缺血和经血不能顺利排出而发生痛经。

7. 邻近生殖道的器官发生病变。如膀胱炎、结肠炎和慢性阑尾炎等。月经期盆腔充血，也会发生痛经。

无器质性病变的青春期少女痛经，精神因素往往是主要的。消除精神上的恐惧、焦虑，增强体质，绝大多数痛经是可以不治而愈的。对于少数痛经总无缓解的少女，疼痛发作时可在医生指导下用一些止痛药，或对引起痛经的疾病进行治疗。

青春奥秘来自性

## 7. 为什么会出现月经紊乱

我的月经来潮已近一年了,但一直没有规律,曾有两个多月没有来,也有十几天就来的情况(来的量很少)。最近,又有一个多月没有来。请问,这是不是闭经,或月经紊乱?对身体有无影响?要不要去医院看病?

尚　枚

**尚枚同学:**

应当说,你现在的这种情况是正常的。我们知道,月经是由排卵引起的。初潮之时,卵巢发育还不成熟,控制卵巢的内分泌系统不够完善,这就使月经还不能形成规律,没有准确的周期性,也许一年半载不见来经;有时即使来了,也说不定为无排卵月经。

月经初潮与第一次排卵有一定的间隔期。初潮后一年内开始排卵者仅占18%。初潮后1～3年内无排卵均属正常。无排卵的月经一般无下腹痛,经期体温维持正常,出血是因为雌激素停止产生,子宫内膜仍处于增殖期。有排卵的月经

常伴有轻微的下腹痛，基础体温可增加0.3℃～0.5℃，子宫内膜呈增殖期及分泌期改变。因此，初潮来临后的少女由于卵巢功能的不完善，月经周期忽长忽短是完全可能的。

还要告诉你，随着卵巢发育的成熟，今后即使形成了有规律的月经周期，也有可能因身体的变化或环境的改变，或精神因素的影响使月经周期出现紊乱，或一月两次，或推迟十余天方至。月经紊乱的种类包括周期紊乱、血量增多、血量减少或者闭经。频繁的考试，紧张的学习，心理压力过大，情绪波动，过度悲伤、恐惧，从城市到农村，由南方到北方，或接受了大运动量的训练，或减肥使身体所需的营养不足等，都可能导致月经紊乱。

月经紊乱还可能因为少女自身不懂得经期的保健知识引起，如不注意保暖、身体受寒；或在经期无节制地吃生冷瓜果、冷饮；或不注意经期卫生，造成生殖道细菌感染等。

当然，也有可能是身体有病，在医生指导下服用了一些药物导致月经暂时停止。一旦停药，月经便会来潮。

月经是女性具有生育功能的标志之一。正常月经是全身功能正常的综合反映。青春期少女应具备关于月经的保健知识，减少因月经失调或闭经造成的健康损害。

## 8. 怎样判断月经是否正常

我知道，女孩来月经后有很多要注意的事，我也一直在小心翼翼地保护自己。但是，怎样判断自己的月经是否正常呢？

文 文

**文文同学：**

少女们都十分关心自己的月经是否正常。的确，月经出现异常大多是疾病症状，必须积极治疗。

月经是否正常，一般可从以下四方面判断。

1. 月经周期。一般女性的月经周期是 28～30 天，但是也有人 40 天来一次月经。只要有规律，均属于正常情况。另外，月经容易受多种因素影响，所以提前或推后 3～5 天也是正常现象。如果这次月经周期是 20 天，下次是 40 天，而且经常出现这种情况，有的甚至月经来 1～2 天，过 10 多天又来 1～2 天，失去了周期性，则属于月经不调。少女初潮时，由于卵巢刚发育，功能还不完善，所以会出现功能紊乱和不规律，这不是病理现象。

2. 月经期（也称行经期）。女性的月经期是 2～7 天。一般行经的规律是第一天经血不多，第二、三天增多，以后逐渐减少，直到经血干净为止。这是因为第一天子宫内膜脱落刚刚开始，第二、三天子宫内膜脱落增多，出血量也增多，子宫受到刺激，加强收缩，把大量经血排出的缘故。有的人经血干净了以后，过一两天又来了一点，俗称"经血回头"，这也不是病，而是一种正常现象。但是，有的女性经期长达 10～20 天，月经淋漓不尽；有的经期极短，只是"一晃"即过。这两种现象都是不正常的。

3. 经血量。月经量的多少因人而异，一般是 30～80 毫升，每天换 3～5 次卫生巾或卫生纸，就算是正常。如果经血量过多，换一次卫生巾很快就湿透，甚至经血顺腿往下淌，这就不正常了。经血过多，可能是精神过度紧张、环境改变、营养不良以及代谢紊乱等因素引起的功能性子宫出血。经血长期过多会引起贫血，应查明原因，进行治疗。当然，如果因为子宫、卵巢不正常或全身性疾病引起月经量过少，也应及时就医。

青春期的少女以月经量过多较为常见。其主要原因是在青春发育期，卵巢功能尚未完全发育成熟，这时候的一部分月经属于无排卵性的。没有排卵就没有黄体，没有黄体就缺少黄体酮。因此，子宫内膜只能处于增殖期而不能达到完善

的分泌期，以致子宫内膜脱落不完全而影响子宫的收缩，造成经血过多。此种情况如不引起注意，久而久之，可出现面色苍白、乏力、头晕等贫血症状，应及时就医。

4. 经血颜色。正常的经血是暗红色的，血中混有脱落的子宫内膜小碎片、宫颈黏液、阴道上皮细胞，无血块。如果经血稀薄如水，仅有点粉红色或发黑发紫，则是不正常的。如果经血完全是凝血块，也是不正常的，可能另外有出血的部位，应及早就医。

## 9. 白带多、有异味是不是病

最近我阴道流出的白带增多,黏糊糊的,感觉很不舒服,换内裤时还闻到一股异味。我不知道自己是不是患了妇科病?

小 慧

**小慧同学:**

白带的主要成分是子宫颈腺体的分泌物,也包括阴道黏膜的分泌物以及子宫颈和阴道在新陈代谢中脱落的上皮细胞等。白带有少许的腥酸味,粘在裤子上,干后带些黄色,有点像汗渍。白带的多少,受卵巢分泌的雌激素影响。月经刚结束时,卵巢分泌的雌激素不多,子宫颈腺体分泌的黏液少,所以白带少;月经周期的中期,卵巢分泌的雌激素增多,子宫颈管分泌的黏液最多,这时白带量多而稠。

但是,当白带的分泌量、颜色、气味、质地等都变化了,就预示着体内发生了异常,应及时到医院去检查。异常白带有以下几种情况。

1. 泡沫状白带。呈灰白或灰黄色泡沫状,且有酸臭味,可能是感染上了滴虫性阴道炎。

2. 豆腐渣样白带。常伴有外阴瘙痒及烧灼疼痛感,可能是霉菌性阴道炎所致。

3. 黄色脓性白带。多为细菌感染所致,如淋球菌、大肠杆菌等。

4. 水样白带。体质较差,营养不良,出现低蛋白血症时,有水样白带出现;此外,恶性肿瘤也会导致出现此种状况。

小慧,你的白带如出现以上情况,应及时去医院请大夫诊断,对症治疗。要维持白带正常的生理功能,还必须经常清洗阴部。如有手淫,一定要注意手的卫生,切莫让器具等东西掉入阴道,不要使用公用的浴巾、浴盆等。平时要加强体育锻炼,以增强身体抵抗力。

## 10. 处女膜有什么作用

请问，处女膜看起来是什么样子的？它在阴道的哪个位置？对女孩有什么作用呢？

白 云

**白云同学：**

处女膜是位于女性阴道口附近的薄膜。处女膜的中间有不规则的处女膜孔与阴道相通，月经就是从这个孔流出的。处女膜的形状、大小和膜的厚薄因人而异，一般为半月形或环形，通常在初次性交时破裂，并伴有轻微的疼痛和极少量的出血。处女膜在不知不觉中破裂的机会也很多，如骑马、骑车、打球以及舞蹈中的分腿动作等，都可引起处女膜破裂，破裂时自己不一定能感觉到。

墨守封建传统观念的人过分重视女子的处女膜，把它同"贞操"联系在一起。在封建社会中，男人把女人当作私有财产加以控制或占有，以妻子处女膜来证明自己的占有，于是要求在新婚之夜要"见红"。这种观念不知导致了多少无

辜女性的悲剧。因为除了各种运动可能导致处女膜破裂以外，有的女孩处女膜开口很大，即使性交也不破裂；还有的女孩生来就没有处女膜，或处女膜开口不止一个。所以，不能以处女膜是否完整来判断其是否"贞洁"。女孩自身不必因为担心处女膜破裂而害怕运动。

真正的"洁身自爱"，男女都应当做到。目的不在于保护处女膜这一点，而在于维护个人健康。处女膜也许有保护未成年女性阴道内清洁的作用，当然应尽量不去触碰；但若它自然破裂或缺失，也不值得担忧。至于有些男人硬要以新婚之夜"见红"来证明女性贞操，那是封建愚昧观念所致，应当加以教育。

## 11. 少女乳房怎样才算发育正常

我们班许多女生乳房已很明显地突起了,可我的胸部还是平平的,没有什么变化。请问:正常的乳房从什么时候开始发育?怎样才能使乳房增大?

孙静瑶

**孙静瑶同学:**

女孩都十分关心乳房的发育,有的为发育太早而烦恼,有的为发育太晚而焦虑。女孩的乳房从什么时候开始发育,每个人都不一样。有的女孩八九岁乳房就开始发育了,而有的女孩要到16岁或更晚才开始发育。多数女孩的乳房发育在9～14岁。发育时,构成乳房的乳腺和周围的脂肪组织在乳头及其周围的乳晕处形成一个纽扣样的小鼓包,使乳头隆起、变大,而后乳头隆起更是明显,也渐渐变得更丰满,最后发育为成人的乳房形状。对于女孩来说,不仅乳房发育开始的年龄因人而异,乳房发育的速度也有所不同。有些女孩乳房发育得晚些,但发育得较快;而有些女孩乳房发育得

较早，但较缓慢。

乳房发育较早的女孩常常为此而难为情，因而设法刻意掩饰自己的胸部。有的为了掩盖较早发育的乳房，走路时低头含胸，或穿紧身衣束胸，结果限制了乳房和胸廓的正常发育。束胸的做法会压迫乳房，使乳头凹陷，乳腺发育不良，甚至造成将来泌乳和哺乳的困难，也容易引起乳部疾病。实际上，乳房发育较早、乳房较大也是受多种因素影响的。有些女孩较肥胖，就显得乳房更丰满；有些受遗传因素、营养条件、气候等影响发育得较大些。

与乳房发育较早、较大的女孩相反，也有一些女孩为自己的乳房发育较迟、较晚而发愁。敏感的女孩很容易在公共浴室里或在集体活动中发现自己的乳房不如一些同龄人的乳房丰满，她们怀疑自己的乳房发育不正常，也可能担心将来是否会影响生育能力。

乳房发育的大小除受体内雌性激素作用以外，还受遗传、环境因素、营养条件、胖瘦、体育锻炼等多种因素的影响。如果母亲的乳房较小，则女儿也大多较小，这是遗传因素的作用；瘦体型的女孩，也很难有丰满的乳房；乳房偏小还可能与发育的早晚有关。虽然乳房较小，只要生殖器官发育且月经正常，就不会影响成人后的哺乳功能和生育能力。一般来说，乳房发育早晚并不影响其今后发育快慢，也不影响成年后乳房的大小和形状，所以乳房发育晚些、小些的女

少男少女知多少

孩不必担忧。

　　孙静瑶同学，来信没有说你今年有多大，月经是否来潮。如果月经初潮后很长时间乳房还没有开始发育，你就有必要到医院检查一下，请医生诊断并听取建议。

## 12. 男孩乳房为什么也会隆起

我今年15岁,发现身上一侧乳房隆起,像个小圆锥,当时以为自己开始发育,就没在意,接着另一侧也隆起了。我曾试图用锻炼胸大肌的办法让周围肌肉与它们平齐,但一点儿用也没有。虽然它们没有继续长大,但也不见变小。我不敢穿背心或紧身的T恤,也不大愿意出门。我本来是很爱运动的,可现在都不敢打球,觉得很苦恼。

小 强

**小强同学:**

我必须告诉你一个常识,就是男孩进入青春期后,体内大量分泌雄激素的同时,雌激素的分泌也随之增加。在这个阶段,雌激素常比雄激素先增高,出现性激素的比例失调。因此,在进入青春期后一年左右,由于雌激素水平的升高,加上生长激素和肾上腺皮质激素对乳腺产生刺激作用,从而使乳头部位的乳腺细胞增大、分裂、数量增多,使乳房隆起。仔细抚摩,还会发现里面有一个小硬结,这种现象一般

可持续1～2年时间。

男性乳房增生表现为双侧性对称或不对称增大，也有单侧性增大，一般无不适，但有时可伴有胀痛、压痛或触痛。对青春期的孩子来说，这种现象称为"特发性男性乳房增生"，等到发育后期往往会自行消退，不必进行治疗。

除上述生理性的原因以外，偶有病理性增生，如肝脏疾病、睾丸功能低下、肾上腺病症、甲状腺病、肿瘤等男性患者也可能出现乳腺增生。因此，如果怀疑有病变可能，应及早就医，以免耽误最佳治疗时机。

## 13. 男孩阴茎为何勃起

不知为什么,我的阴茎最近常常勃起,早晨起床勃起是常事,有的场面更使人尴尬。在沉睡中,我有时梦见女孩的敏感部位。我自己并不想那样,但无法控制。尤其是在公众场合,我一看到女性突起的乳房,甚至看到橱窗里半裸的服装模特,阴茎就会不由自主地勃起。我非常痛恨自己,也怕别人把我看成流氓,不知怎样才能克服这种现象?

阅来

**阅来同学:**

青春男孩的阴茎勃起确实困扰着许多人。有些男孩对外生殖器的变化非常敏感,会因自己阴茎勃起而焦虑不安,其实大可不必。男孩进入青春期后,随着体内雄激素水平的提高,"性"意识开始觉醒,有关"性"内容的听觉、视觉、嗅觉、触觉以及思维、想象等刺激作用于阴茎,会使其勃起,这叫精神性勃起。另外是因局部直接刺激,如对外生殖

器的直接触摸，走路时被内裤摩擦以及直肠膀胱受到刺激所引起的勃起，称反射性勃起。青春期男孩这种受到性刺激引起的勃起属正常生理现象，不仅无须治疗，反而是青春期性发育成熟的标志，也是性激素分泌正常的表现。对此，应坦然对待，无须多虑。

青春期男孩睡觉时偶尔会在梦中见到自己认识的女性或梦见其乳房、脖颈、大腿等部位，此时阴茎也会情不自禁地勃起，当达到极度兴奋时，还会遗精。这是普遍发生的性梦，是青春期性心理活动的重要内容之一，常发生在深睡或假寐时。性梦和梦遗不是病态，而是一种不由自主的潜意识性行为。有关专家指出，性梦是正常现象，不仅青少年有，成年人也会有，不必大惊小怪。

世上很多事情常不以我们个人的意志为转移，有时我们刻意禁止的东西，反而会更频繁出现；相反，如果不去理会它，就会淡化。希望你不要过分关注这件事，更不必去痛恨它。你如果把主要精力放到学习或有益的活动中，你的生活就会充实和愉快，你也许根本不会去注意自己阴茎的变化，烦恼自然就消失了。再说，一般人也不会故意去观察你的外阴部位，你不必多虑。即使别人注意到了，也不会大惊小怪，因为这是每一名男性成长过程中的必经阶段。

## 14. 阴茎是否太小

一次上厕所小便时,我无意中看到一位同龄男生的阴茎比我大。自此以后,我在厕所和浴室里我就更加细心地观察,发现别人的阴茎确实都比我的大。我是不是阴茎发育不良?这会不会影响我的性发育和今后的性生活?

张 刚

**张刚同学:**

你的担忧也是许多男孩心中的隐忧。有些发育中的男性青少年,通过对同龄人的观察比较,总觉得别人的阴茎发育得比自己的好,比自己的大,因而常会产生"阴茎发育不良"的自卑感,甚至担心未来的婚姻和生育。

现代性学家研究表明,阴茎在平时——即非勃起时的大小与勃起后的大小并无直接关系,不论其平时大小如何,勃起时差异甚小。这就是说,在松弛状态下各人阴茎大小之间的差异,在勃起时就变得不明显了。因此,青少年不必为自己的阴茎大小与别人不同而忧心忡忡。当然,临床上也确有

阴茎畸形的病例，但那是极为罕见的。

由于阴茎的发育依赖于雄激素（睾酮）的作用，而雄激素主要由睾丸分泌产生。因此，睾丸病变可引起睾丸机能低下，从而导致睾丸分泌雄激素的障碍，这是引起阴茎畸形的关键因素。临床上，以原发性睾丸机能低下所致的阴茎畸形较为多见，故此病症属于阴茎先天性异常范畴。但是如果仅为阴茎稍微短小，而不伴随睾丸及第二性征的不发育，就不是真正的阴茎畸形，自然也就不会对性功能造成妨害。在某些情况下，如肥胖或阴囊肿胀，阴茎可能显得很小，此时不要误认为是阴茎畸形。

值得提醒的是，有的青少年为了促使阴茎生长而从各类广告中寻找办法或滥用补药和激素，这种做法是万万不可取的，是违背科学的。大多数男性青少年，其阴茎并不存在解剖学上的异常，也非真正的小阴茎，因此无须进行治疗。对阴茎大小过分担心的人，则有可能由于担心而产生相应的心理障碍乃至性行为问题。

青春奥秘来自性

## 15. 为什么早晨容易阴茎勃起

*每天早上，我的阴茎总是翘得很高，这是为什么呢？*

*小 果*

**小果同学：**

正常男子的阴茎，除了因性刺激和某种外界刺激会勃起外，通常处于松弛状态，但是有时内脏器官的反射作用也会导致阴茎勃起。

最明显的是早晨清醒前，由于膀胱内尿液积存压力增加而产生刺激作用，导致阴茎发生一种潜意识的反射性勃起，也就是常常说的让尿给"憋"硬了。这是一种正常的生理现象，医学上称之为清晨勃起。

美国一位学者的研究资料报道，男子在成年后，20～30岁时，清晨勃起次数增多，中年以后逐渐减少。一位德国医生也研究了这个生理现象。他发现男子在疾病期间，清晨阴茎勃起的现象会消失。当身体康复后，清晨阴茎勃起的现象又重新出现。于是他提出，清晨阴茎勃起现象可以作为

观察男子精力和健康状况的参考指标之一。

但是,关于清晨阴茎勃起的确切机理,至今尚未研究清楚。无论如何,清晨阴茎勃起作为男子的一种正常的生理反应是肯定无疑的,而且由于男子的个体差异,清晨勃起的情况也不尽一样。千万不能只凭这一点来判断男子性功能的强弱。

不仅是清晨会勃起,如果仔细观察,睡眠时也常有勃起的情形。在睡眠过程中,会有间歇性的眼球快速运动期,而阴茎勃起也常发生在这段时间。一般统计上,每天晚上会有3～5次的勃起,每次勃起的时间平均15分钟,但也有长达1小时之久的。只要神经、血管及阴茎海绵体结构与功能正常,就会有这种现象,而这也是性功能的重要指标。在这段时间,阴茎的勃起比较不受心理因素的干扰,也较能实实在在表现出原本的功能。这种生理现象,为性功能的研究及治疗,提供了极其重要的指标。

## 16. 睾丸时常疼痛是怎么回事

我最近感到我的睾丸经常疼痛,一下也不能碰,又不好意思跟家人说。这到底是怎么回事呢?

学 兵

**学兵同学:**

睾丸疼痛可大体上分为两种情况,急性的持续疼痛和慢性的经常性疼痛。

急性疼痛多见于睾丸炎和损伤。睾丸炎除血液感染外,更常见的是细菌经尿道行至附睾和睾丸,造成附睾炎、睾丸炎,临床可见附睾与睾丸肿胀和疼痛。睾丸损伤时有外伤史和局部的肿胀及瘀血。剧烈运动或房事、暴力有时可引起提睾肌的强烈收缩,从而使系带过长的睾丸发生扭转并引起睾丸的剧痛。由于睾丸扭转后阻断了睾丸的血液供应,所以睾丸除剧痛外并有阴囊肿大、皮肤水肿。相对来说,急性疼痛的诊断比较容易。

慢性疼痛时,轻者迁延日久,痛感较轻、泛化,具有放

射性疼痛，所以不容易判断炎症的确切部位。睾丸的疼痛不一定与炎症的轻重程度成正比，有些人的神经敏感程度很高，轻度炎症就可引起较严重的疼痛感；而有些人比较迟钝，自我感觉就轻。有的疼痛发生在性生活之后，这可能因性兴奋使生殖器和生殖腺高度充血所致。有的疼痛系精索静脉曲张或其他部位的疼痛放射而来，如输尿管结石引起的睾丸放射性疼痛。这时就要仔细鉴别真正的原因以便有效地对症处理。

睾丸疼痛的治疗应在确定其病因的基础上进行，一时查不出原因，则可做镇静和止痛的对症治疗。有些人稍有不适或根本没有不适也能诱发睾丸的疼痛，这完全是精神作用。有些人则把疼痛与手淫联系起来，整天背着沉重的思想负担。殊不知过度焦虑，过分把注意力集中在性的表现能力上，反而会造成精神性阳痿等性功能障碍。

造成睾丸疼痛的原因很多，自己判断较为困难，千万不要自以为是乱用药，最好及早找专科医生诊治，以免贻误病情。

## 17. 从未遗精的人有生育功能吗

我年届19岁,从未有过遗精,而我自觉身体各方面都正常。请问,一个从未遗过精的人有生育能力吗?

小 陆

**小陆同学:**

遗精是一种正常的生理现象。一般来讲,进入青春期后的男性每月遗精次数可为1～4次。遗精并非有规律地发生,同一个人,不同时期的遗精次数可以不等,有时可连续几天都有遗精,有时可能很长一段时间都不遗精。但只要每月遗精次数在一定范围内,均可认为是正常的。因为遗精的发生是与一个人的发育状态、健康状况、营养水平、周围环境和性欲要求等因素有关,故是因人而异的。

人群中,确有少数青年人未发生过遗精,甚至到了婚龄时也尚未遗精过。这种人只要身体健康,性器官及第二性征正常,其生育能力也应正常,不必担心。如果上述器官有什么异常的话,则应到医院做泌尿外科或内分泌科等检查。

## 18. "梦遗"是怎么回事

不知怎么回事,我最近总在梦里出现遗精,有几次都是在梦中和女同学拥抱、接吻时发生的,还有一次甚至是梦见和我妈妈有亲密举动时遗精了,这不是乱伦吗?遗精会不会伤身体?怎样才能改变这种状况?

陈 争

**陈争同学:**

看来,遗精问题带给你很多烦恼。其实你完全不必背负那样沉重的思想包袱。首先,90%以上的男孩都会有你这种经历,它说明你的性发育已趋于成熟,你正在成为一名男子汉,不仅不应沮丧,还应当庆贺!

要说梦中遗精的原因,那首先应"归功"于你体内的性腺。它发育成熟后,使你的睾丸里开始产生精子,加上前列腺和精囊腺等分泌的液体,组成精液,达到一定量后,体内已无处可容,就以遗精的方式排出体外。有的是在白天清醒状态下无意识地溢出,有时是在梦中或生活中因某种事情,

如比赛、考试,感到紧张而发生。大部分则是在晚上做梦时流出,梦境则多与性有关。

在媒介发达的今天,人们接触性刺激的机会大大增加,性欲频发。可是,由于礼俗和道德规范的限制,还有健康与安全上的原因,使青少年不能用性交的方式满足性的欲望。在清醒的时候,还能够用意志控制自己,可是一旦进入梦乡,自我控制的力量就变得非常薄弱,此时最隐秘的内在欲望就会自然凸显出来。梦境有时很荒诞。青少年大都有这样的经验:有时白天从没有想到的人会在梦中出现,从未发生过的事也有可能在梦中发生。所以,不能把梦境当真,它与现实生活无关,你怎能给自己扣上"乱伦"的帽子?梦中的内容只有你一个人知道,没有必要告诉别人,否则会给自己和别人招来不必要的麻烦。某中学曾发生过这样一件事:一个男孩梦见自己和同班的一个女同学发生了性关系,他把这件事告诉了他的好朋友,结果一传十,十传百,使那个女生处于非常尴尬的境地,她忍受不了这样的羞辱,差点自杀,后来只好转学避开这令人尴尬的局面。生活中每个人都有自己的隐私,性梦就属于隐私,保留这类隐私,是对自己和别人的尊重。

就在你忧虑遗精的时候,却也有男孩来信,忧虑自己没有遗精。其实,是否遗精,遗精发生的早晚,遗精的频度,都因人而异。极个别的人终生都没有遗精,但他的性器官发

育是正常的，后来的婚育都没有问题。有的一星期有数次遗精，只要身体没感到不适，也无问题。有的一段时间遗精较多，然后数月没有遗精，这也完全正常。有的进入性成熟的年龄早，遗精较早出现，有的则较晚。一般来说，男孩在14岁左右可能出现遗精现象。性成熟的早晚和地域气候有关，例如，南方的孩子较北方的孩子普遍早成熟，遗精的年龄要稍早一些。此外，营养条件好的孩子又比营养较差的孩子成熟早一些。

你之所以害怕遗精伤害身体，是受了民间不科学说法的影响。民间有"一滴精十滴血"之说，但科学研究的结论并不是这样。精子中除了有极少量的蛋白质外，绝大部分是水和腺体的分泌物。专家还指出，通过遗精的方式将积存在体内多余的精液排出，有利于缓解性紧张，达到生理上的平衡。

当然，我们说遗精对身体没有害处，是指正常情况下自然的遗精现象而言的。如果过分的性兴奋，无节制地接触有性内容的书刊或黄色淫秽物品，频繁梦遗，或频繁刺激性器官遗精，使自己精神萎靡不振、思想混乱、身体疲乏，那就有害了。

陈争同学，还要提醒你，如果你的包皮过长或不经常清洗，包皮内有包皮垢，也可能刺激你的生殖器，引发遗精。所以，你应每天用温水清洗包皮和龟头。

## 19. "一滴精十滴血"的说法正确吗

我每次遗精和手淫射精后,都十分担心。人家说精液比血液还重要,遗精伤元气。是不是这样呢?我很困惑。

强 强

**强强同学:**

在一些人中间流传着这么一种说法:"一滴精十滴血,损失精液,大伤元气。"有的大夫让不育病人100天不同房,以保证治疗效果。这些病人虔诚地遵守着医嘱,不敢越雷池一步。但有时也不可避免地出现遗精。实际上,让我们分析一下精液成分,就可以明白精液并不是什么特殊宝贵的东西。除了精子,精液中的其他部分叫作精浆,精浆的成分与血浆相比没有太大差异。正常男性每次射出的精液量为3~5毫升。精液呈乳白色,弱碱性,有特殊腥味。其中,精浆占95%以上,精子占不到1%。每天每毫升睾丸组织能够产生200万个精子,也就是说,每个男性的睾丸每天能够产生几千万甚至上亿个精子。这些精子即使不排出体外,它们也

会老化、死亡，最后被酶消化。如果我们检查一些长期禁欲的男性的精液，会发现精子数目不少，每毫升可达 2 亿个精子，但是活动率却不佳。精液中的白细胞数也比正常多。

精浆的主要成分是水，占 90% 以上，其他成分有脂肪及蛋白质颗粒、色素颗粒、前列腺液的磷脂小体、胺类、游离氨基酸、各种酶、乳酸、果糖及无机盐等，与血浆成分大同小异。精浆是精子运载物，可以起到中和、缓冲和保护精子的作用。精浆中含丰富的果糖、山梨醇等，为精子运动提供了"取之不尽，用之不竭"的营养物质。

总之，精液并不像人们想象的那么宝贵，所以没有必要为遗精、手淫时排出精液而顾虑重重。

# 身心健康须呵护

## 20. 青春期如何保证营养

爸妈总说要保证营养,让我尽量多吃。但是,我为了美丽的身材,要控制饮食。究竟怎样吃才能既不使身体发胖又保证足够的营养?

由 美

**由美同学:**

禾苗的生长离不开阳光雨露的滋养,同样,少男少女的发育也离不开丰富营养的补充。有些青少年由于偏食挑食,缺乏营养而骨瘦如柴;而另一些青少年又任由食欲驱遣,摄入过多营养而导致肥胖;还有的人过分相信保健品的所谓神奇功效而造成发育畸形。由此看来,养成科学的膳食习惯,对青少年的健康成长至关重要。

科学研究证明,青春期的孩子由于身体的快速发育,其所需的营养比成人高13%～15%,其热量的消耗比成人高25%～50%。那么,哪些才是营养物质呢?构成人体的六大营养要素有:

身心健康须呵护

1. 蛋白质。它是人体中最重要的营养成分，能满足人体组织生长、更新和修复的需要，同时还能供给人体热量。正在长身体的青少年对蛋白质的需求量超过成人。荤素食物中都有蛋白质，如蛋类、鱼虾、瘦肉、乳类、花生、豆类等，都含有较丰富的蛋白质。应提倡青少年多喝牛奶，吃适量鸡蛋，充分满足身体对蛋白质的需求。

2. 碳水化合物。其主要作用是供给人体热量。青少年进入快速生长期，饭量大增，就说明身体的热量消耗增大。碳水化合物的主要来源是米饭和面食。如能多吃一点杂粮如玉米、小米、豆类等，对身体更为有利。

3. 脂肪。脂肪在人体内的作用主要有三点：一是供给热量，二是保护内脏，三是保温。每人所需脂肪视自身体重而论，一般每千克体重每天摄入1克脂肪就够了，动植物油脂均不可缺少。

4. 矿物质。青少年对矿物质的需要量特别大，尤其是钙和磷，是造骨长齿的主要原料。富含钙和磷的食物有坚果类，如核桃、杏仁、榛子等，各种瓜子、芝麻也含一定量的钙。因此，青少年平时适当吃点这类零食，有助于钙的补充。

5. 维生素。它有利于青少年的身体发育，增强抵抗力，促进新陈代谢，帮助消化吸收人体所需的各种营养。人体所需的维生素，绝大部分来自蔬菜、水果。

6. 水。水也是人体不可缺少的成分。饮用足够的水有益于消化、调节体温、滋润皮肤、排除废物，促进身体健康发育。喝水也有学问，一般每日清晨起床后应多喝点水，补充一夜间身体消耗的水分，稀释过浓的血黏度。饭前不要大量喝水，以免冲淡胃液影响消化。不要熬到实在渴了才猛喝一通，平时应养成定时喝水的习惯。

在身体的发育期间必须保证这六种营养成分的补充，并注意均衡吸收各种营养，加上体育锻炼，身体才能健康成长。

身心健康须呵护

## 21. 睡眠对青春健康有何影响

快高考了,我每天晚上都要12点以后睡觉,早上4、5点就得起床,我感觉睡眠很不足。睡眠不足对身体发育和智力发展有什么影响吗?

钟 武

**钟武同学:**

身体长高是由两种激素一起作用,一种是性激素(男生是睾酮,女生是雌激素),另一种是生长素。生长素在身体长高中起的作用更大。研究表明,生长素的分泌量在入睡70分钟后达到高峰,在熟睡阶段保持着分泌的最大量。而睡眠很少的孩子,生长素分泌不足,所以个子一般较矮。

研究还表明,睡眠不足的孩子不但长得矮,智力发育也较差。因为生长素的含量和脑内蛋白质合成的速度有直接关系。生长素分泌得多,脑内蛋白质合成的速度也较快,这样有利于神经细胞之间建立联系,也就有利于智力发展。法国一家研究中心的研究能较好地说明这一点。该研究中心发

现，七八岁的小学生的成绩与他们睡眠时间长短的关系很大。每晚睡眠少于 8 小时的学生，学习成绩都较差。相比之下，每天睡眠达到 10 小时的孩子，76％ 的成绩中等，11％ 的成绩优良，仅有 13％ 的跟不上进度。

充足的睡眠能使大脑得到充分的休息，有利于身体长高和智力发展。那么是不是睡得越多越好呢？这还要从睡眠中人体内的生理变化谈起。熟睡后，由于指挥人体活动的"司令部"——大脑的休息，全身骨骼肌肉也都处于松弛状态；心脏的跳动也变弱、变缓，血流速度减慢，血压降低，这使一个人的整体生理活动水平降低，从而使工作了一天的人体有一个休整的机会。睡眠适度，醒后会感到精力充沛；睡眠过度，使人体的整体生理活动水平过低，醒后不但得不到恢复，反而觉得昏昏沉沉，四肢软弱无力，这就是平时所说的"越睡越懒"。

总之，凡事都要有度，睡眠也不例外。适度，对整体生长发育都有益；不适度（过少或过多）则无益，甚至有害。所以，这里再提醒一句：处于青春期早、中期发育阶段的朋友，你的睡眠时间不能低于每天 9 小时（包括午睡）。

身心健康须呵护

## 22. 少女何时该戴乳罩

我的乳房已开始发育,运动和上体育课时觉得不方便。班里有的女生已戴乳罩了。可是,在商店看到五花八门的乳罩不知该如何选择,因为我是和父亲生活,母亲不在身边。

小 秀

**小秀同学:**

青春期的女孩对自己发育中的乳房倍加注意,她们最关心的问题是要不要戴乳罩,什么时候戴最好之类的问题。在日常生活中,不少人认为乳房隆起就应及时戴乳罩,而有人则认为要等到产后乳房分泌乳汁后再戴。其实,这些想法都是不科学的。

的确,丰满而轮廓清晰的乳房能衬托出女性特有的曲线美,而健美的乳房需要特殊的保护,及时戴乳罩便是理想而简便的方法。戴乳罩能够保持乳房清洁,支持和衬托乳房,使其血液循环通畅,有助于乳房的发育;可减少行走、运动

和劳动时乳房的摆动,防止乳房松弛下垂;能促进乳房内脂肪的积聚,使乳房更丰满,还可以弥补乳房过小等生理缺陷。可见,戴乳罩对女性有许多好处。

那么,应从何时开始戴乳罩呢?目前认为,应根据乳房发育的速度和大小来定。乳房发育受遗传、内分泌、营养、运动等各种因素的影响,青春期开始时应让乳房充分发育,不应该采取束缚乳房的方法去阻碍其发育。一般女孩长到16～18岁,胸廓和乳房的发育均已接近成熟,或者用软尺从乳房的上底部经过乳头到乳房的下底部测量,上下距离大于16厘米时就应戴乳罩。如果年龄小于16岁而乳房上下部距离小于16厘米,则不宜戴乳罩。因为过早戴乳罩不仅对正处于发育时期隆起的乳房不利,而且会影响今后的乳汁分泌。

乳罩问题虽小,但涉及女孩的乳房保健,不可小视。

有些少女常常为乳房的隆起而感到羞涩,为此而采取束胸的办法,把乳房紧紧地压在胸壁上,使乳腺受压,乳腺血液循环不畅,从而导致乳房发育迟缓、受阻,甚至引起乳腺炎症。所以,要鼓励少女及时戴合适的乳罩。

为了保证乳房的形态完美和健康,选择适合自己的乳罩是非常关键的。关于如何选择乳罩,下面两点供您参考。

第一,关于乳罩的类型和标码。

"锻炼乳罩"。这一类型的乳罩通常是统一型号,是专门

为那些乳房还未发育起来或是刚刚开始发育的少女制作的。可是，如果你的乳房太大或太小，这种统一型号的乳罩就不适合你了。

"特异乳罩"。这一类型的乳罩尺寸由两部分构成：一部分是数字，从 28～44 之间，表示胸围的大小；另一部分是字母，从 A 到 E，表示乳罩碗的大小。用 A 来表示乳罩碗的逐渐减小，如较小（A）、特小（AA）。而用 E 来表示乳罩碗逐渐增大，如较大（E）、特大（EE）。

"加垫乳罩"和"假乳罩"。加垫乳罩的乳罩碗里有一层棉花和海绵的衬垫，戴上它会使乳房看起来比实际的更丰满些。假乳罩则是在乳罩碗里嵌入相应的物质，使有乳房缺陷的妇女（如乳腺切除后的女性）的乳房看起来仍然很自然。

第二，关于乳罩的材料、工艺和选择。

一般市面所售的乳罩有棉质、内棉衬外化纤、纯化纤等材料。最好买棉制或内棉衬的。化纤乳罩容易引起乳房皮肤过敏。

乳罩在制作工艺上可谓千变万化。市面上常见的样式有背心式、吊带式、无带式等，在制作工艺方面有钢托型、无钢托型、后挂钩、前挂钩等。在选择上可根据个人习惯和舒适状况而定。

随着生理发育，乳房也在不断地变化，乳罩的选择亦应

随乳房的变化而随时更换。乳罩的松紧与乳房健康有密切关系。不论处于哪个阶段的女性，一般来说，其乳罩的配戴应以松紧合适为佳，千万不要认为越紧越好。要知道，乳罩配戴得过紧可直接影响少女的乳腺发育。

此外，配戴乳罩时要注意吊带的调节。吊带太紧，活动时乳罩容易上移，使乳罩下围勒住乳房；吊带太松，活动时吊带易脱落。

小秀，你的母亲不在身边，青春期遇到相关问题，可向女老师请教，或向关系好的大姐姐、女同学询问。

身心健康须呵护

## 23. 少女清洗阴部有何讲究

我是一个很爱清洁的女孩,每天都清洗阴部,还买了专用的清洗液。但是,越洗越感到阴部瘙痒,越痒我就越洗,造成恶性循环。难道是我清洗的方法不对?

魏 媛

**魏媛同学:**

注重卫生是正确的,但频繁地洗阴部却未必妥当。有些城市少女对自己的生殖道卫生非常讲究,每天清洗外阴的同时,还要用各种清洗剂清洗阴部,结果却导致生殖道感染。因为女性生殖道本身有比较完善的自然防御系统,其中最主要的是阴道的自洁作用。阴道上皮细胞内含有丰富的糖原,而正常妇女的阴道中寄生着一种叫阴道乳酸杆菌的细菌,它能使这些糖原形成乳酸,使阴道内环境呈酸性,从而抑制大多数的病原休。而对阴部的过度清洗会杀死乳酸菌,破坏了这种天然形成的酸性环境,使致病的细菌和真菌趁机生长,这在医学上叫作菌群失调,从而导致感染。

女性清洗阴部的原则应该是：适当清洗外阴，如非必要不冲洗阴道，以维护女性生殖道的天然防线，不破坏阴道内的生态平衡，不让外界的病原体进入阴道。

备好自己的专用清洗盆和专用清洗用具、毛巾。清洗用具在使用前要洗净，毛巾使用后要晒干或在通风处晾干，最好在太阳下暴晒，有利于杀菌消毒。因为毛巾日久不见阳光，容易滋生细菌和真菌。用温水清洗外阴部；必须用肥皂时，选用刺激性较小的婴儿浴皂，以减少对皮肤的刺激。大便后用手纸由前向后揩拭干净，最好养成用温水清洗或冲洗肛门的习惯。若不揩净，肛门口留有粪渍，污染了内裤，粪渍内含有的肠道细菌会趁机进入阴道，引起炎症。

来月经期间，也要用温水勤洗外阴，勤换卫生巾，以免血渍成为细菌的温床。清洗时不要使用碱性大的肥皂或高锰酸钾等化学物质以免改变阴道正常的酸性环境。

生殖道感染是很多妇女面临的疾病。它不但会给女性的身体造成伤害，而且阴部的瘙痒、难闻的气味都使女性心里烦恼。掌握正确的卫生知识，在生活中注重预防疾病，才是远离痛苦的根本。你如果确感奇痒难忍，那就应到医院请求妇科大夫的帮助。

## 24. 少女月经期怎样保健

老师,我是在农村长大的,对月经期的卫生保健知识了解得很少。现在我读大学了,很想知道少女在月经期的卫生保健应注意些什么?

可 可

**可可同学:**

来月经时所用的毛巾要勤洗勤换,并在太阳光下晒干消毒;所用卫生纸要柔软、清洁、经过消毒而又吸水,千万不可用破布、废纸、旧棉花之类的东西。

月经期要保持外阴清洁,每天用温水清洗,以防经血刺激皮肤,引发湿疹。

月经期洗澡应当淋浴或擦浴,不能坐在浴盆里,更不能坐在小河沟、池塘里洗澡。洗澡用水不要用冷水或烫水,要用温水。洗冷水可使月经突然停止;用烫水会使子宫充血,造成经血量增多。月经期要注意保暖,不要受凉。因为寒冷刺激容易引起子宫、盆腔内血管过度收缩,导致痛经或月经

失调。

月经期可以照常学习,但应避免剧烈的体育运动,以防流血过多。一般说来,经期进行一些运动量不大的体育锻炼,可以促进盆腔血液的循环,使经血畅流。

月经期间需要精神愉快、心情开朗,避免忧郁或暴怒。注意饮食,多吃蔬菜和易消化食物,不吃生冷和酸辣等刺激性食物。在月经期,铁的需求量更大,所以,少女在经期应多吃些瘦肉、蛋黄以及动物的内脏如肝、心、肾,以防因缺铁引起贫血。

身心健康须呵护

## 25. 外阴瘙痒要看医生吗

最近，我的外阴部经常奇痒无比，刚开始还可以忍下去，但是到后来根本控制不了自己。挠抓则不雅，不挠抓又十分痛苦和烦恼。有什么办法可以解决呢？

文 惠

**文惠同学：**

外阴瘙痒是一种症状，病因是多种多样的。

幼女的外阴瘙痒多因炎症、寄生虫等引起。这是由于她们的卵巢功能尚不健全，阴道自然防御机能较差，容易患多种细菌性或非细菌性外阴阴道炎，出现外阴瘙痒。

进入青春期后，少女的阴道上皮增厚，并出现阴道皱襞，阴道内的分泌物由于富含乳酸杆菌而呈酸性，分泌量也增多，自然防御机能明显增强。此时，外阴瘙痒多因不讲外阴部卫生而出现的外阴阴道炎或前庭大腺炎等引起。初潮后如果不注意月经期的阴部卫生，经血和阴道分泌物可污染和刺激外阴部而引起瘙痒，甚至发展为炎症。滴虫性外阴阴道

炎的发病率在进入青春期后明显增多，这是因为雌激素所引起的阴道酸性环境是滴虫感染的先决条件，因此，幼女中少见的滴虫感染到了青春期便明显增多。少女感染滴虫主要通过公共浴池、浴盆、浴巾、便器、与患者亲密接触等间接途径所致。目前，各种性传播疾病肆虐，如不注意公共卫生和个人卫生也会经间接途径引起感染并造成外阴瘙痒等症状，当然还会导致各种更为严重的后果。蛲虫病所致外阴瘙痒在少女中的发病率较低，该病的发生系因雌性蛲虫移行至肛门附近排卵，引起外阴瘙痒，尤以夜间为甚。

此外，外阴瘙痒也可能是全身性疾患，如糖尿病、黄疸、白血病、贫血等的症状之一。这时可以伴有其他相应的临床表现，仔细问诊和检查后不难发现原发疾患。有时外阴瘙痒也可成为全身性疾患的第一症状，如糖尿病时的阴部霉菌感染，股癣、疥疮等其他皮肤病也可引起外阴瘙痒。

引起外阴瘙痒的原因还有精神因素，如过分将注意力集中于阴部，因其他人谈论外阴瘙痒或搔抓时引起条件反射等都可造成外阴瘙痒。

为预防疾病发生，应学习一些性知识，了解和认识自己身体所发生的种种变化；坚持和养成良好的卫生习惯，如每天换内裤和清洗外阴，使用坐式便器前注意清洁或垫用卫生纸。如果发生外阴瘙痒症状不要讳疾忌医，要及时诊治，千万不要自己乱用药或被庸医误诊、误导而耽搁治疗。

身心健康须呵护

## 26. 少女为什么不宜穿高跟鞋

我们女孩穿高跟鞋感觉特别有气质，可是为何老妈总是不让我穿呢？我们不适合穿高跟鞋吗？

小 聪

**小聪同学：**

女青年穿上高跟鞋，重心前移，挺胸收腹，显得健美、轻盈，风姿绰约。但是，并非每一个女青年都适合穿高跟鞋，尤其是 20 岁以前的青春期少女更不宜穿高跟鞋。处于青春发育阶段的少女，骨结构中软骨成分较多，骨组织内含水分和有机物多，无机盐少，骨质柔软，极易变形。女孩过早地穿高跟鞋会引起骨盆和足部形态发生变化。骨盆是由骶骨、尾骨、左右髋骨、韧带和关节结合而成的一个骨环，这个骨环的结合过程一般从 7 岁开始，到 25 岁基本定型。骨盆是人体传递重力的重要结构，穿半底鞋时，全身重量由全足负担；穿高跟鞋时，全身重量主要落在脚掌上，这样就破坏了正常的重力传递负荷线，使骨盆负荷加重，容易引起骨

盆口狭窄,给成人后的分娩带来困难。另外,穿高跟鞋还有可能使骨盆发生不易觉察的转位,影响骨环的正常结合,导致骨盆畸形。足骨的发育成熟一般在 15～16 岁。鞋的大小直接影响足骨的生长。过早地穿高跟鞋会使足骨按照高跟鞋的角度完成骨化过程,容易发生跖趾关节变形、跖骨骨折及其他足病,这些病都会引起足部疼痛,严重时可影响行走、活动。因此,青春期的少女不宜穿高跟鞋,特别是那种高 7～8 厘米的超高跟鞋。从生物力学的角度看,女性平时以穿坡跟鞋或跟高不超过 3 厘米的鞋为宜。

身心健康须呵护

## 27. 睾丸外皮瘙痒怎么办

不知道什么原因，我的睾丸皮外表时常瘙痒，我就用双手去抓挠。挠完后有的时候觉得不痒了，有的时候挠没有效果，还要揉捏几下，之后感觉很舒服。我不知道这是不是病，我很担心。

汤亮

**汤亮同学：**

睾丸外皮瘙痒可能是你平时不注意卫生引起的。

平时要注意阴部的卫生，如勤洗勤换内裤，每天睡前清洗外生殖器。青春期男孩少穿过紧的牛仔裤，因它既不通气，又形成对睾丸的压迫，不利于睾丸的生长、发育。若有手淫习惯的要加以克制。

生殖器是每个人很重要的器官，维护它的清洁，注意它的安全很重要。许多人认为女孩生殖道的清洗保护很重要，至于男孩，没必要那么在意。这种观点是不对的。男孩保持外生殖器的卫生应该做到以下几点：

1. 经常清洗阴茎。男孩的包皮通常是盖住阴茎头的,随着青春期发育的开始,阴茎上的包皮会逐渐向上退缩,慢慢露出龟头。在这一变化过程中,阴茎头部冠状沟内很容易聚积污垢,形成"包皮垢"。包皮垢是细菌良好的栖息之地,它很容易导致包皮和阴茎头发炎,这种炎症甚至和阴茎癌的发生也有一定程度的关联。所以,男孩应经常清洗阴茎,将包皮往上推送,用温水清洗。每次遗精后,不但需要换内裤,还应及时清洗阴部。

2. 勤换内裤。内裤料最好选用透气性好的棉纺织品。内裤应略为宽松,切忌在平时穿游泳裤。睾丸需要处于略低于体温的环境中。内裤过紧,长期将睾丸贴紧身体,容易影响睾丸的生精功能,影响日后的生育能力。

3. 要注意运动状态下对睾丸的保护。男孩喜欢运动和奔跳打闹,但要随时注意保护自己的生殖器,并切记不要踢打他人的外生殖器部位。睾丸是人体的重要器官,它十分脆嫩,又因为露在外面比较容易受到伤害,因此,要十分小心地保护。

4. 若发现生殖器有问题,要及时到正规医院泌尿科检查诊治。青春期男孩生殖系统的疾病主要有两类:一是泌尿生殖系统的先天畸形,如阴茎畸形、异位尿道、隐睾症等;另一类是泌尿生殖系统的常见疾病,如肾上腺增生症、前列腺炎、包皮过长或包茎、包皮炎等。

身心健康须呵护

## 28. 手淫有害健康吗

我是一个 15 岁的男孩,有手淫的坏习惯,很想戒掉,可就是戒不掉。这样下去,会不会影响身体健康和性功能?

执 刚

**执刚同学:**

许多男孩都有你那种担忧,因为手淫在青少年中是一种比较普遍的现象。

性生理使人产生性欲望。手淫是在性欲望一时得不到满足的情况下,用自己的手或器具抚弄性器官刺激性兴奋以获得性快感的办法。首先要说明,青少年时期偶尔的手淫对日后智能、成就、社会适应及整体身心健康均无影响。手淫也不妨害别人,一般是独自在私人空间进行,属隐私活动。真正有害的是"手淫有害"的传统观念。过去,人们认为手淫是一种堕落的行为,使手淫者感到自己在进行一种不道德的,甚至是犯罪活动,从而产生严重的自责和惶恐心理。

我们可以肯定地回答,手淫并不涉及道德问题,偶尔为之也不会对身体健康造成危害(当然,前提是一定要注意手和生殖器的卫生,否则,细菌容易侵入龟头,引起感染)。在现实生活中,每个人的情况不同。有人把手淫当作暂时缓解性压力的一种手段,他们没有把它当作一件很严重的事,内心十分坦然,手淫后没有感到不适。对这样的青少年,我们无须说什么,一切任其自然。有些人性冲动的时候,不顾一切手淫,但事后又懊悔自责。

关于手淫,需要理解的有两个问题:一是度的问题。如果偶尔在性冲动时难以自制而手淫,不足顾虑。但如果形成习惯,把它当作排解压力的唯一方式,成癖上瘾,甚至不思学习,拒绝人际交往,致使身体疲惫,无力参加其他有益的活动,那就是有害的了。我国著名性医学专家吴阶平教授对手淫曾有十分科学的见解。他说:"不以好奇去开始,不以发生而烦恼,已成为习惯要有克服的决心,克服之后就不再担心。"二是对手淫的态度。如果难以摆脱手淫后的负罪感和自卑感,就说明手淫的确能造成心理负担。既然对自己没有好处,为什么还要去做?那就应该逐渐减少手淫的次数,最后告别手淫习惯。其办法是把注意力转移到学习或自己感兴趣的事情上去;促进求知欲,培养对科学知识的兴趣;积极参加集体的特别是有两性交往的活动。还应当自觉避免性刺激,睡觉前特别注意不看有关性内容的书刊或影视节目,

身心健康须呵护

避免形成手淫欲望。一般到 20 岁以后，随着视野的扩大，自制能力的增强，手淫行为也会有所减少。

执刚同学，你既然对手淫不认可，那你不妨试试以上的方法。

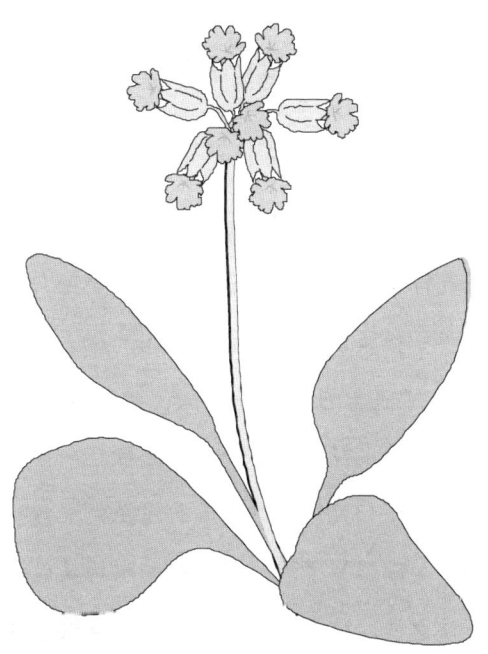

## 29. 为什么色情读物有害

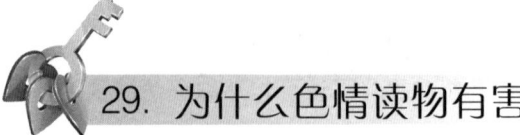

我周围的很多同学都有"口袋书",还经常去网上看那些特别让人兴奋的片子。他们说成年人都看这个,它们可以帮助自己长大。父母和老师说这些都是有害的。但为什么大人可以看,孩子就不可以看呢?

文 文

**文文同学:**

在这里向你讲一个真实的故事。南京一位女工用千辛万苦、节衣缩食积攒下的 8000 元钱为儿子买了一台电脑,目的是为了他更好地学习。可是不久,她却发现儿子成绩下降、神思恍惚,班主任反映孩子几次缺课。一天她上班中途回家,正撞见儿子和几位同学用电脑看黄色光盘。这位母亲愤怒了,向有关部门写了信,控诉那些出租黄色淫秽光盘和录像带的不法之徒对孩子心灵的毒害。这反映了黄色淫秽物品确实在对青少年进行腐蚀。

前面已多次谈到,处于青春期的孩子,性意识觉醒,随

之出现性冲动和对异性的眷念、神秘之感，对两性关系产生好奇，这是正常的。但是，少男少女生理的成熟和心理的不成熟形成巨大的反差。他们往往分不清什么是正确、什么是错误，什么是合法、什么是违法。在这样的情况下，黄色淫秽物品利用其夸大的、不科学的性描绘对孩子们进行引诱和挑逗，缺乏是非观念和自制力的孩子就会不自觉地模仿其中的情节和做法，于是一步步走向邪路，甚至陷入犯罪的深渊。一些坏分子，要达到引诱、玩弄少男少女的目的，也是利用淫秽书刊或录像带打开缺口，使他们心甘情愿上当受骗。

尽管有关部门为了净化社会环境，再三地发动群众"扫黄打非"，但是，就像有阳光就会有阴影一样，不法分子、坏分子在任何时候都会钻空子的。他们用隐蔽的手段销售"精神鸦片"，而毒害对象多半就是那些思想不成熟的青少年。为此，青少年一定要自觉筑起防腐蚀的堤坝，学习一些必要的性知识，了解自己身体和心理的变化；接受性道德规范和法律的教育，以道德准则和理性来控制自己的性冲动；同时，要树立正确的人生观、价值观，自觉做到"四不"，即不看黄色书刊或录像、不听邪门歪道的性故事，不说下流话（包括不开有关性的庸俗低级的玩笑）、不做越轨的事。

## 30. 怎样战胜讨厌的青春痘

我脸上总是爱长青春痘，有时一大片聚集在额头上，既难看又难受。我采取"严厉打击"的手段，把它们统统挤出白色带油性的核，但不久，又会长出新的来，真是"野火烧不尽，春风吹又生"，使我十分烦恼。请问，怎样才能彻底战胜青春痘？

童 军

**童军同学：**

青春痘是年轻的象征，它是青春之树上长出的虽不美丽却暂时无法消除的枝条。由于大量性激素的分泌，少男少女皮脂腺十分发达，其好处是让你们的皮肤光洁并富有弹性；但它也会带来负面影响，使过多的皮脂堵塞毛孔，导致不同程度的毛囊炎，形成青春痘。

你的解决方法虽然坚决果断，却不科学。用手去挤，手上的细菌有可能引起皮肤感染，使青春痘进一步扩散，以后在脸上形成疤痕。尤其是生长在鼻下唇上和双侧鼻唇沟间的

青春痘，千万别去挤压，因为那些地方有丰富的血管并直通颅内，被人们形象地称之为"危险三角区"。要是用手去抠挤青春痘，弄破皮肤和血管，使细菌侵入血液，顺着血管流进颅内，就会形成脑内海绵窦栓塞或是引起脑炎，严重的会危及生命。

你可能属于油性皮肤，因为油性皮肤的人更容易长青春痘，所以，一定要注意皮肤的清洁，经常洗澡，勤洗头。额头上的青春痘与头发油腻有很大关系。建议你每天洗一次头发，会阻断头发的油脂向面部皮肤输送，使毛孔保持开放，这很重要。同时，多用温水和碱性小的肥皂清洗面部，洗完后最好不要用油脂或含油护肤品擦脸。

为预防新的青春痘长出，你还应该注意不吃或少吃油腻食物，尤其不要吃油炸食物；不要饮酒，少吃辛辣食物，多吃新鲜的蔬菜、水果；不要暴饮暴食，保持消化道的通畅。如果情况过于严重，青春痘连接成片，你应当到医院寻求帮助。

童军，你不必过分烦恼，青春痘不是你一个人的"专利"，如果大家都"彼此彼此"，你就不是"异类"。你要相信，随着青春期的平安度过，体内激素分泌趋向稳定，皮肤自然会变得光洁如初。青春痘不会伴随你一生，它只是一种暂时性的青春反应，因而你不必为此过分担忧。

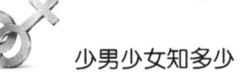

## 31. 包皮过长或包茎怎么办

> 我的包皮较长,不容易翻开。听说包皮过长容易引起龟头发炎,我有些担心。我的同学中还有的包皮比我更长,几乎无法翻起来。我们是不是都不正常?这些事不好意思去问爸爸妈妈,只好向你们求教,我们该怎么办?
>
> 兆 峥

**兆峥同学:**

阴茎是男性非常重要的性器官,应当十分重视它的卫生和保健。就你述说的情况判断,你和你的同学有可能是包皮过长或包茎。为了解除难言之隐,首先应弄清什么是包皮过长和包茎。

正常情况下,阴茎松弛时包皮不遮盖尿道口,包皮上翻时能露出冠状沟。"包皮过长"是包皮盖没了尿道口,只有用手将包皮上翻或当阴茎充分勃起时龟头才能部分或完全露出。"包茎"则指包皮口狭小紧包住阴茎,不能向后翻开露出阴茎头。

那么,包皮过长或包茎是否会影响身体健康?答案是肯定的。

包皮过长的危害主要是影响包皮和阴茎头之间的清洁,容易发生"包皮阴茎头炎",进而发生"后天获得性包茎"。包皮皮脂腺会分泌一种奇臭的白色分泌物,叫"包皮垢"。它是细菌繁殖的温床。若不能及时将包皮上翻清洗干净,可使包皮和阴茎头发炎,出现局部红肿、刺痒或疼痛。炎症反复发作,则可产生纤维粘连、包皮不能上翻,导致后天获得性包茎。此时,若强行上翻,则可形成嵌顿,过紧的包皮口就像狭窄的环紧紧勒在龟头后冠状沟处。在嵌顿以下的部位,血液循环和淋巴回流明显受阻,造成局部水肿,更难以复位。如果长期嵌顿,阴茎头会因缺血而青紫、糜烂或坏死。

包茎一般是先天的,但也有由后天原因造成的。包茎的包皮囊内积存的包皮垢往往无法清洗,久而久之形成结石。长期慢性的不良刺激会引起包皮、阴茎头溃疡,与阴茎癌的发生也密切相关。包茎口过小还会发生排尿困难,尿液会积聚在包皮内,膨胀成球状物。这时患者大多会伴有尿路感染、肾积水等肾功能损害。

此外,包皮过长和包茎还可导致遗尿或手淫。若在儿童发育期,包皮过长和包茎可影响阴茎正常发育长大。

由此看来,包皮过长和包茎还真不是小问题。兆峥同

学,你和你的同伴应当高度重视。但就你们自己而言,是无法私自解决这个问题的,必须向父亲或母亲说明情况,最好请他们带你到医院去看看大夫,看你的包皮长到什么程度,是不是需要做环切手术。向你父母及早反映问题,并共同讨论解决方法,是你在健康成长过程中必须承担的责任。此种手术是一个很小的门诊手术,只要20分钟就能解决问题,不需住院,但术后要休息几天,最好选在假期。请一定将以上知识告诉你的同学,也请他们让父母带去医院就医。

还应当提醒你,为了预防细菌感染,不管术前还是术后(伤口愈合后),你每天都应用温水清洗阴茎,洗时应尽量翻开包皮(不可过分用力),将其中的污垢清洗干净。

身心健康须呵护

## 32. 穿紧身裤有何害处

我们学校在进行体检时,一个男大夫检查我的阴囊,让我不要再穿紧身牛仔裤,并很严肃地说,长期穿太紧太小的裤子,可能会引起生殖道炎症,今后还会影响生育能力。这是不是有点危言耸听,有那么严重吗?

魏 钧

**魏钧同学:**

医生说的话完全正确。男孩不能穿太紧的牛仔裤,这是由男性生殖器官的发育和构造以及外生殖器需要的发育环境决定的。

不知你注意到没有,在炎热的夏天,阴囊似乎变大,有一种不舒服的下坠感。当天气寒冷时,阴囊又会紧缩成皱巴巴的一小团,紧紧贴靠在身上。这就说明,阴囊需要适宜的温度,它会随气温变化而进行自我调节。

阴囊皮肤对外界温度的高低很敏感,无皮下脂肪而有丰富的汗腺,有助于散热。当外界温度低时,刺激内膜的平滑

肌和提睾肌收缩，使睾丸位置升高，阴囊皮肤就紧缩成密密的皱褶，并回缩至会阴部，防止散热，有助于保温。相反，在外界温度升高时，平滑肌和提睾肌松弛，睾丸下降，离开躯体，阴囊皮肤松弛，增大散热面积，有利于局部散热。

你可千万别小瞧阴囊的这种本领，它对于人类繁衍子孙后代太重要了。因为温度对睾丸生精过程有很大影响。阴囊内温度比机体内低2℃左右，是生精的最适宜温度。温度过高，生精过程就会出现障碍，甚至完全停止，同时睾酮的分泌也将减少。上述任何一个环节出了问题都会因影响阴囊温度的调节而造成不育。

有些男青年，喜欢穿紧身裤，特别是透气性差、散热不好的化纤类"兜裆裤"，这样的裤子包裹着阴囊，让阴茎和阴囊处于密闭状态。空气不流通，使细菌滋生，引起阴茎、龟头的炎症，同时也阻碍阴囊皮肤散热降温，限制血液循环，妨碍精索静脉回流，对精子的产生和营养供给很不利。长此以往，容易造成今后不育的后果。

穿紧身裤虽好看，但从生殖健康的角度来说是不科学的。建议你选择稍大、透气性好、棉布料的裤子。

身心健康须呵护

## 33. 月经停止是否表明怀孕

我和男友交往有两年了,他曾多次向我提出发生性关系的要求,我没有答应,我知道女孩应守住那道关口。但经不住他的再三请求,不久前我们第一次发生了性关系。说实在的,当时我一点没有感到幸福快乐,而像是把自己摆在了祭坛上。事后的惶恐和追悔莫及使我寝食难安。更要命的是,我的月经已超过十几天没有来,而且,我感到有些恶心,身体也很疲倦。我是不是怀孕了?该怎么办?

戴 琼

**戴琼同学:**

很能理解你此时的心情。但你到底是不是怀孕了,现在还很难说。从你的信中可以看出,你在和男友发生性关系时没有采取避孕措施,这有可能导致怀孕。但月经没有准时来,并不一定就是怀孕,尤其是像你现在这样,内心焦急忧虑,情绪不稳定,会使你的内分泌紊乱,引起月经周期的改变。一旦焦急紧张的心情消失,月经可能就来了。月经推迟

可能完全是精神因素造成的。现在,你应该做的,就是尽量使自己保持冷静,克服不良心理情绪,尽快去医院检查,弄清情况。即使怀孕了,天也没有塌下来,还有补救的措施。而且,已经发生的事情,再追悔也没有用,别人怎么看、学校会怎么处理,这并不是最重要的,主要应考虑的是自己的身心健康。

今后需要注意避免再发生这样的事,一定要自重。所谓自重,就是看重自己的利益、需要、健康和未来。恋爱中,男方常易产生性冲动,提出"你如果爱我,就应当无条件满足我的要求,否则就不是真爱"。其实,这说明他们自己并未认识到什么是真爱。真爱应对自己所爱的对象负责,使对方幸福快乐,绝不干有违对方意愿或伤害对方健康的事。爱是情感的寄托,绝不仅仅是性的需求。反过来说,女孩也绝不能因为爱对方而迷失了自我,无条件地为对方"献身"。我们虽不提倡封建传统中女人的贞操,但无可辩驳的事实是,男女发生婚前性关系后,女方会比男方背上更沉重的思想包袱。一是社会舆论的不认可;二是难以消除的负罪感以及对未来的担忧;三是一旦怀孕,会给自己身心造成严重伤害,甚至会成为心理上终生难以消除的阴影。因此,即使男友是你的最爱,但他如果要违背你的意愿,提出性要求,你也应该坚决说"不"。这不是伤害对方,恰好相反,是对双方的未来负责,是为今后的幸福坚守原则。

身心健康须呵护

## 34. 意外怀孕该怎么办

在男友的一再要求下，我们发生了性关系。当时完全没有考虑怀孕的事，也没采取避孕措施。两个月后，我已有了妊娠反应：月经停止、恶心、疲倦、食欲不振。我害怕又无助，要知道我才17岁啊！听说吃中药可以流产，我很想去找民间中医解决这个问题。请告诉我，我能不能这样做？

小 康

**小康同学：**

不能"病急乱投医"，绝对不能去找所谓的"民间中医"。

3个月以内的妊娠，可以做人工流产手术，但这必须去正规医院的妇产科。现在，到医院去做人工流产手术的人不少，各种情况都有，医生一般是会为当事人保密的。现在，许多地方成立了"少男少女门诊"或"少女救助中心"，如果你所在的地区有这样的机构，对于你就医会更加方便。

少男少女知多少

千万不要去私人诊所做手术,那些地方卫生条件不能保证。流产手术的器具如果未经严格消毒,可能引起细菌感染,还有可能感染肝炎病毒或艾滋病病毒。如果手术不当,还有引起大出血的危险。所以,一定要去正规的医院就医。切记!

你去医院手术时必须有人陪同,不管是你的父母还是男友。术后一定要休息几天,并保证足够的营养。手术后子宫有伤口需愈合,在40天内,不能再和男友发生性关系。

人工流产只是一种事后不得已的补救措施,对身体有一定的伤害。少女的子宫稚嫩,绝对不宜多次手术。如果不想怀孕,一定要采取避孕措施。安全套能起到阻断精液流入阴道的作用,如果当时未来得及使用,在事后72小时之内可服用紧急避孕药,而且越快越有效。

预祝你的身体尽快康复!

身心健康须呵护

## 35. 什么是性病，怎样预防

最近我们学校进行了一次性知识调查，其中有一项是"说出几种性病种类"。我常看见电线杆上写有治阳痿早泄什么的，于是将它们填上了，结果好多同学笑话我。我真不知道性病是什么。

田 天

**田天同学：**

阳痿早泄是男性性功能障碍，不是性病。性病的全称是"性传播疾病"，主要是与性行为有关的疾病。20世纪80年代初，性病里又增加了一个致命的杀手——艾滋病。在我国，感染性病和艾滋病的人数逐年上升，且有蔓延之势。青少年正处于性活跃年龄，因此应该掌握一些性病的知识，做到防微杜渐。

目前，被列入性传播疾病的病种已达20余种。性传播疾病的病原体种类繁多，包括细菌、病毒、真菌和寄生虫等。性传播疾病患者与健康的人进行性接触时，很容易使健

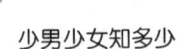

康的人受到感染。少数病原体还可以通过间接途径侵入人体，如污染的内衣、厕所马桶座、公用浴盆等。此外，有些病原体可能在妊娠或分娩过程中使胎儿感染。另一个传播途径是血液传播，即输入了不洁的血液或使用了不洁的注射器。

下面向你介绍几种最常见的性传播疾病（艾滋病已有专门介绍，此处不包括）。

1. 淋病。淋病是当前患者人数居于首位的性传播疾病，是一种泌尿生殖系统的传染病。淋病的病原体为淋病双球菌。病征主要表现为尿道刺激症状和尿道口溢脓。男性感染后一周内，阴茎会排出白色脓状分泌物，并有尿急、尿频、尿痛等症状，还有龟头发炎，然后波及包皮，使尿道口变得又红又肿。女性感染淋病后有外阴红肿、排尿灼痛、尿频等现象。淋病可能导致并发症。男性若不及时治疗，可能引起附睾炎、睾丸变大肿痛或慢性前列腺炎、尿道狭窄、排尿困难、肾脏机能受损等；女性可能并发前庭腺炎和输卵管炎，甚至整个盆腔化脓感染。

2. 梅毒。梅毒是一种症状复杂、病程最长、相当可怕的疾病，若不治疗会导致死亡。早期梅毒病菌主要侵犯黏膜和皮肤，晚期可侵犯身体许多脏器，特别容易侵犯心脏和中枢神经系统。梅毒感染10天内，细菌侵入患者有过性接触的部位而形成硬疮，可发生在口腔或肛门，此时传染力最

强。硬疳在5个星期内会自动愈合，但未被消灭的少数病原体潜伏下来，通过血液，在全身到处活动，引发二期梅毒。这时，身体会出现各种症状，如皮肤上出现扁平而稍突起的红斑，肛门或生殖器附近出现潮湿的疮口。患者出现发烧、头痛、头晕、全身乏力、掉头发及骨痛等症状。第三期梅毒表面看不出迹象，其实已损害到内部器官和脑、眼等。到了末期，严重损害中枢神经系统和心脏，病人可变成残废或出现精神错乱。其中约有1/4的病人会发生梅毒大动脉炎、梅毒性痴呆、脑血管性病变等，直至死亡。梅毒90%以上是通过性交直接传染；输入病人的血液及接触病人的衣服、用具等也可能被传染。

3. 软下疳。其病原体称为沙眼衣原体。病症为生殖器表面发生多处剧痛性溃疡，并伴有腹股沟淋巴结化脓性炎症。患者以女性居多。男性多发于包皮、阴茎、龟头、肛门，女性多见于阴唇、阴蒂、尿道、宫颈和肛门。软下疳主要通过性交传播。

4. 尖锐湿疣。其病原体称为乳头瘤病毒。病征主要表现为外生殖器及其周围出现典型的疣状丘疹，易发生糜烂、渗液，触之较易出血。在相互融合的裂缝中常有脓性分泌物，有恶臭，局部有瘙痒。男性患者多见于龟头、阴茎冠状沟及包皮内侧；女性患者多发于小阴唇、大小阴唇间、阴蒂周围以及尿道口、阴道黏膜、子宫颈。男女的肛门及肛周交

界处也是尖锐湿疣常见发病部位。尖锐湿疣也主要通过性交传播。此病可导致癌变，故应及早治疗。

以上几种主要的性传播疾病，虽然其病原体各不相同，但主要传播途径是不洁性行为，其次是血液传染和母婴传染。要使自己免遭性病侵害，就必须首先做到洁身自好，婚前不发生性关系，婚后忠诚于配偶。

为杜绝血液传播，应使用一次性注射针头，保证输血时的血液卫生。此外，不要与别人共用可能被污染的用具，例如剃须刀、牙刷，也不要与别人混穿衣服尤其是内裤。

青少年还应自觉抵制"黄色公害"，因为淫秽物品不仅污染心灵，而且易诱发青少年发生越轨和性犯罪行为，这些恰恰是传播性疾病的危险途径。

## 36. 艾滋病能治愈吗

我的一位邻居患了艾滋病,他们一家人整天愁眉苦脸,周围的人都像躲避瘟疫一样躲着他们,那位患者更是从不出门。人们都说,得了艾滋病,就只有等死。艾滋病真的那么可怕吗?

魏 岭

**魏岭同学:**

艾滋病是 20 世纪 80 年代初才发现的一种新的性传播疾病。由于发现的时间短,更由于病毒特殊的潜伏方式,尽管各国科学家都在加紧研究攻克它的药物,但目前确实还没有找到治愈的办法。

1980 年初夏,一个凶恶的杀手悄悄地登陆大洋彼岸的美国。它使一个身强力壮的人变得弱不禁风,抵挡不了任何病菌的侵害,出现莫名其妙的感染和肿瘤而迅速死亡。经研究发现,那个凶恶的杀手就是艾滋病病毒。

艾滋病病毒首先侵入血液中的淋巴细胞。淋巴细胞是人体的一道"防火墙",它能使人体产生免疫反应,拥有防御功能,抵抗外界微生物的侵害。艾滋病病毒是以耗竭淋巴细胞的方式,一块一块地"拆除"人体的"防火墙",从而破坏人体的免疫功能,出现免疫缺陷,故医学上又将艾滋病病毒称为免疫缺陷病毒。一旦人体的这道"防火墙"被病毒杀手"拆除",人体就丧失了防御功能,自然界中最弱小的微生物也能轻易地入侵人体,引起感染性疾病及肿瘤,表现为多发性淋巴结肿大、体重减轻、发热、腹泻、乏力、盗汗等。

面临艾滋病病毒的侵害,人类目前尚没有很好的方法来对付它。因此,预防是当前最重要的措施。性接触是艾滋病病毒原始的传播方式,要避免与带病毒者的性接触。安全套的使用是不得已的措施,而并不是绝对安全的措施。艾滋病病毒还可以通过血液和母婴垂直传播。其中,静脉注射是吸毒者间艾滋病病毒的常见传播途径。吸毒注射不仅是向体内输入了毒品,也可能带进了艾滋病病毒。使用血液制品的安全取决于多个环节,有时个人很难防范,医疗卫生部门应警钟长鸣。

艾滋病病毒虽然凶悍残忍,但它一旦离开人体这个生存的环境,暴露在自然界中,就会很快死亡。从这个意义上来说,它又是一只"纸老虎"。相信在不久的将来,人类一定

身心健康须呵护

能制服这个凶恶的杀手。

我们目前所能做的是洁身自爱,杜绝一切冒险行为,这样艾滋病就与你"无缘"相遇了。

## 37. 少女怎样预防性侵犯

　　我有一个表哥，好多次趁爸爸妈妈不在家的时候，对我说一些下流话，有时还动手动脚。他很会找机会，事先打电话来，如果只有我一人在家，他就会来。所以，爸爸妈妈只要一出门，我就赶紧找借口离开家，弄得他们有些怀疑我。我本想告诉爸爸妈妈，但觉得说不出口；再说，姨妈对我很好，如果为这事影响两家关系，也不太好。请告诉我该怎么办？

源　源

**源源同学：**

　　这件事情能否处理好，很大程度要看你的态度。如果不把真相告诉父母或姨妈，对你会有危险。你表哥目前对你的行为是性骚扰，再发展下去，就可能对你造成性侵犯，你对这样的严重后果应该有足够的估计。大人们知道事情真相也不一定影响你们两家的关系，你没有责任，你首先应该考虑的是自己的安全。你现在采取躲避的态度，但躲得过初一，

躲不过十五。女孩的好心和软弱常常会使骚扰者得寸进尺。你要充分认识自己所面临的危险，赶快告诉爸爸妈妈，获得他们的帮助。

我们生活的社会，三教九流都有，少女在其中是一个特殊的群体。她们幼稚、单纯、轻信、羞涩、善良。于是一些居心不良的男性，为了满足自己的兽欲，把魔爪伸向她们。少女们应该建立自我防护意识，并学习一些预防性侵犯的常识。

1. 对可能出现的侵犯保持高度警惕。陌生男性如果对你表现出过分的热情，并毫无缘故送东西给你，或以"带路"为由，让你单独和他去人烟稀少的地方，你一定要提高警惕。这时，你可以直盯住他的眼睛，观察他的眼神。心怀鬼胎的人眼光肯定是躲避、惊慌的。当然，也有人相当老练，显得波澜不惊、从容不迫，那你只要毫不客气地拒绝就行了。

2. 注意自己的行为不要出格。打扮要与自己身份相符，不穿过紧、过透、过露的衣服；不去营业性歌舞厅；天色太晚，不要单独出门；不去单身男人的宿舍，更不随便在朋友家过夜；不与别人开不雅的玩笑；不看黄色淫秽书籍或光盘。

3. 切莫贪小便宜。要相信，没有天上掉馅饼的事。成年男性送东西给你，尤其是贵重东西，很可能是引诱你上钩

的诱饵,一定要在心里问一个为什么。出远门,不要随意招手搭便车。

4. 如果面临被侵犯的危险,应大胆采取行动设法自救。例如大声警告侵犯者;或者机智地同其周旋,寻找合适的机会脱身;或者向人多的地方逃跑,或向周围的人求救。这时自己的态度和行动是最关键的。绝对不应把遭受性侵害看作自己的耻辱;相反,可耻的是对方,你是无辜的,你有保护自己尊严的权利。

源源,还得再次提醒你,在自己能力不够应付复杂局面、无法解决问题的时候,及时向父母或老师说明事实真相,求得他们的帮助,是最明智的选择。父母是你的法定监护人,他们有保护你的责任;老师是你可以信赖的成人,他们也一定会替你想办法、出主意,必要时他们还会寻求有关部门的协助。

## 38. 如何对待性骚扰

最近一段时间，我放学走到校门口时，总遇上几个男孩。我并不认识他们。他们要我跟他们一块儿去玩，我拒绝了。他们就跟在我后面对我说一些下流话，还对我动手动脚。我几次都逃跑了，但心里非常害怕。我想向爸爸妈妈说这件事，但怕引起他们的误会，以为是我行为不检点招来的，又怕他们为我担心。这件事使我左右为难，不知咋办好。

容 容

**容容同学：**

面对素不相识的男孩对你的骚扰，其实你是有不少办法可以对付的。首先你可以告诉你的班主任老师，和他（她）商量如何办。我想，社会上的一些流氓对在校学生的公然挑衅，学校完全可以和地方派出所共同行动，抓获那些人，查明他们的身份，调查他们的违法举动。这样，可以震慑不法分子，制止他们的侵害行为。为避免那些人对你的再度骚

扰,你还可以在放学时同几个同学(最好有男同学)一起走,这使那些人不敢轻举妄动。如果情节很严重,你还必须告诉你的爸爸妈妈,因为他们是你的法定监护人。你的顾虑完全多余,父母对子女的保护会是毫不犹豫的。他们是成年人,对事情的危害性有足够的认识,也会有更多办法来解决。最有害的是你自己软弱或保持沉默,这倒可能使那些坏人更猖狂。所以,面对性骚扰,你的态度是最关键的。

针对少女(也包括少男)的性骚扰可以说无处不在。一些居心不良的人,常常利用少女涉世不深、幼稚单纯的特点,把魔爪伸向她们,或用言语挑逗,或动手动脚;在公交车上,也有少数人利用拥挤的机会,触碰女孩的隐私部位;还有的甚至就是学校道德败坏的男老师,利用老师的职权对女学生进行性骚扰;有的女孩受到了来自家庭或亲戚家的男性的骚扰;甚至有的男医生趁检查身体之机,猥亵少女;等等。

**如何预防性骚扰?遇到性骚扰又该如何办?**

从女孩自身来说,应当注意自己的服饰打扮和言行举止,不要给坏人可乘之机。例如,夏天一定不要穿太暴露、太紧身的衣服,因为这样容易引起坏人的非分之想,或引起误会,把你当作行为轻浮的人,增加被骚扰的危险。此外,言行要大方得体,举止端庄,懂得自尊、自重。事实证明,对那些行为正派、一身正气的人,犯罪分子是有所顾忌的。

## 身心健康须呵护

相反,在公开场合,言语低俗、举止暧昧、行为不雅的人,最易被坏人盯住。同时,还要对周围的环境保持高度的警惕,当发现对方有性骚扰的动向时,要把你抗拒的态度表示得明确而坚定。要坚信自己的力量,并从心理上树立起抗争的勇气。对那些总是探询你隐私、用甜言蜜语奉承或以物质来诱惑你的人,应特别警惕,尽量避免与其单独相处。也不要轻信陌生人的花言巧语或恐吓威胁,更不要到他们的住所去或跟他们走。

最要紧的是,当遇到性骚扰时,保持冷静和勇气,与不法分子做坚决的斗争。要有这样的意识:遭受性骚扰,不是自己的错,不要自责。而且,对方的行为是违法的,是见不得光的,是特别害怕被揭露的。因此,只要勇敢和他们做斗争,退缩害怕的一定是对方。例如,在公交车上,遇上了流氓,你可以大声训斥他,这样就多半能制止对方的侵犯行为。如果是在偏僻的地方遇上纠缠你的人,你应大声呼救,朝人多的地方跑,向警察或军人求助。面临意外,以机智战胜对方,来个金蝉脱壳,也不失为好办法。

## 39. 吸毒对健康有何危害

吸毒对健康会造成怎样的危害呢？真的能致命吗？

小　建

**小建同学：**

毒品具有很快使人成瘾的特性。吸食、注射毒品后，就会对它产生顽固的生理依赖和精神依赖，引起中枢神经系统、血液循环系统、呼吸系统等一系列生理机能的紊乱，影响正常的生殖能力，还会使免疫功能下降，极易感染各种疾病。严重的会危及生命，造成死亡。

吸毒者最容易受损的是呼吸系统，因为毒品通常是"吸"进人体内的。由于呼吸系统的感染而导致肺炎、肺气肿、肺结核者十分常见。吸食海洛因者会出现一种叫作"海洛因性肺气肿"的病症，临床表现为昏迷、呼吸受抑制、瞳孔缩小，如果抢救不及时，很容易死亡。而吸食了拌有杂物的海洛因后，还会导致一系列严重的神经系统疾病，如周围神经炎、化脓性脑膜炎、败血症引起的脑脓肿、细菌性心内

膜炎引起的脑栓塞等。总之,由于毒品对人身体各脏器的侵蚀和摧残,健康的人能够抵御的炎症或感染,在吸毒者身上均可能造成严重的疾患。

对于由静脉注射毒品者(这几乎是所有吸毒者为立即获得快感而采用的吸毒方式),身体会遭受更为危险和严重的损害。由于吸毒者常共用不洁的注射器,很容易因交叉感染而患上乙型肝炎、艾滋病等。如果注射器本身不洁,又极易感染破伤风,这是静脉注射毒品者最危险的并发症之一。一旦发病,死亡率达90%以上。据统计,破伤风致死者占吸毒致死者的5%～10%。而尤为严重的是,共用注射器会感染上艾滋病病毒。我们知道,血液传播是艾滋病病毒传播的途径之一。在一群共用注射器的吸毒者中,只要其中一人血液中潜伏病毒,其余的人就很难幸免。我国已查出的艾滋病病毒感染者中,有65%以上是通过注射毒品感染的。艾滋病是世界上还无药可治的恶性传染病,一旦发病,只有死亡。

此外,吸毒者还可能因吸毒过量而死亡。例如清纯秀丽的年轻电影演员朱某,在电影《长大成人》中扮演一个吸毒女,后来由于好奇也染上毒瘾,终因一次吸毒过量而惨死于毒魔之手。

毒品对健康和生命的危害如此之大,青少年朋友千万不要因为好奇或听信谣言而沾染毒品。"珍爱生命,拒绝毒品"应成为终生都要坚守的健康准则。

## 40. 毒贩子如何引诱青少年

我们的识别能力较弱,请问毒贩子用什么伎俩向青少年推销毒品?

小 林

**小林同学:**

毒贩子谎称"让你永远开心,无烦恼",其实是一日吸毒,永远迷毒。

利用青少年手头钱少、贪图便宜的特点,免费让你尝试,甚至一次、两次地"便宜"你,勾你上瘾,你就会高价去买毒品。

打着"治病"的幌子,作为"偏方"推荐给你,实则让你失去免疫力,导致大病染身。

利用少女爱美之心,谎称"摇头丸可减肥"。然而一旦上瘾,食欲减退,面容憔悴,骨瘦如柴,生命之火熄灭,还谈什么"美"?

中学生处于成长的关键时期,对生活充满热情和憧憬,

身心健康须呵护

渴望拥有五彩斑斓的生活和精彩的人生。在这个关键时期，如果吸了第一支烟，尝试了第一口毒品，涉足了青少年不宜进入的场所……你的人生悲剧也许就拉开了序幕。

要避免悲剧的发生，就必须构筑拒绝毒品的心理防线。

# 最是敏感儿女心

## 41. 青春期为何烦恼多多

进入初二以后,我觉得自己的心里躁动不安,一刻也不平静,烦恼多多,和同学的关系变得复杂起来。我对自己有许多不满意的地方。请问,成长过程就是这样的吗?

汤 嘉

**汤嘉同学:**

你如果仔细观察,会发现你的同学和你的状况没有多大区别。有的专家甚至称此为"初二现象"。为什么会这样?这都是青春发育惹的"祸"。初二是跨入青春门槛的第一步,少男少女进入了人生第二个成长高峰期,生命的能量大大增强,身体和心理都在发生巨大变化。性激素的陡增使身体突现出男性或女性的特征;童年时两小无猜的友情正在消失;对异性同学感到神秘,不知该怎样去认识另一阵营的他们(她们)。

还有一些发生在自己身体的变化,虽使人困惑迷茫,却不好意思向父母、老师请教。爸爸妈妈也多了一些唠叨,生

怕孩子在这一时期行为失控变坏。幼稚与成熟、独立与依赖、冲动与理智之间的矛盾异常突出，因此情绪也变得像过山车，一会儿高，一会儿低。青春期就是这样一个过渡期，变化和不稳定是其最大的特点。

  但我要告诉你，每个人都要经历这一时期。成长既是令人欣喜的事，又是对自己的挑战。你对自己许多地方不满意，说明你追求上进，盼望成熟。而要走向成熟，最好的办法是学习青春期的有关知识，向父母或同伴请教。当明白了自己身体和心理的变化是怎么回事以后，就能坦然面对长大的事实，也知道该怎样以理智控制自己的情绪。这样，青春之舟就能沿着正确的方向扬帆远航了。

## 42. 为不漂亮而烦恼怎么办

我今年16岁，长得不漂亮。班上的男生都不怎么和我说话，总是围着那些漂亮的女孩转。我十分烦恼，总想有一天我变漂亮了那该多好啊！我该怎么办呢？

小 敏

**小敏同学：**

爱美之心，人皆有之。青春期的少男少女，尤其是少女，都希望自己有姣好的容貌。她们常常揽镜自照，遗憾自己不是眼睛小了，就是嘴巴大了；这儿长痣不漂亮，那儿器官不协调，为此徒生烦恼。

首先，面容是天生的，无法选择和改变。你不可能重回娘胎，让母亲重生一个你。其次，漂亮不漂亮，许多女孩是以广告、电视中的理想美人儿作为参照。要知道，那样的美女在人群中本来就是凤毛麟角，现实生活中的绝大多数人都是相貌平平的。而处于这绝大多数人中的你，就不必为自己的相貌发愁了。再说，每一个人都是一个特别的他（她），

千姿百态的个人才使这个世界美丽、自然,充满了可读性。设想一下,若世界上的每个女人都像张柏芝、章子怡,人间该是多么单调啊!

另外,还要提醒你的是,生活中除了用来照面容的镜子外,还有一面更重要的镜子,它就是"心灵的镜子"。它能照出你的内在美,就是人的思想、修养、气质、人品、才干等。相信你绝对会厌恶一个虽然长得漂亮但十分自私浅薄的女孩,却会倾慕一个相貌平平而知识渊博、极有修养的男青年。《巴黎圣母院》中那位集外貌的极端丑陋、心灵的极其美好和善良于一身的敲钟人卡西摩多,不就曾震撼过无数人的心吗?人最留不住的正是漂亮的外表,因为它会随青春的逝去而逝去,而最留得住的是自己的品德、修养、才华等内在美,它会使你终生受用,使你的人生焕发出更灿烂的光彩。

西方有句谚语说,人只有一种方法使自己漂亮,却有100种方法使自己可爱。如果首先悦纳自己的外貌,又以丰富的知识充实自己的头脑,注意自身修养和气质的培养,那么你会因杰出的人格魅力变得美丽而可爱。

对自己智力、能力、体力、情趣等内在美的评估,就组成了"自我概念"。对自我有客观的认识,而且能建立现实、乐观、积极的态度来接纳自我,才是正常而健全的自我成长表现。悦纳自己,绝对不是认命、不去改变,而是要学习去接纳自己所不能改变的东西,去改变自己能够改变的东西,以塑造理想和健全的人格形象。

## 43. 常有性幻想怎么办

我是一个男孩,不知道为什么,每当睡觉的时候,我就情不自禁地幻想一个躺在床上的美女,并开始和她"接吻"。这是为什么?

张 歌

**张歌同学:**

这是性幻想的一种表现。性幻想也称作性爱的白日梦,是指自编的带有性色彩的连续故事和含有性内容的一种幻想。性幻想常常出现于十七八岁的青春期少男少女之中,多集中出现在入睡前及睡醒后卧床时或乘车的一段闲暇时间里。对青少年来说,性幻想的内容都与异性交往有关,有情节和人物。或激情澎湃的"英雄救美",或浪漫温馨的"一见钟情",或惊心动魄的"倾城之恋",或凄婉缠绵的"蓝桥幽会"。总之形形色色,但大都是和自己爱慕的异性在一起演绎的爱情剧,高潮可能是约会、拥抱、接吻甚至发生性行为。异性可以是同学、熟人、朋友或崇拜的偶像。性幻想

过程中常伴随有情绪反应，而性幻想到入神时，有些人会出现性兴奋。

青少年的性幻想常常会给自己带来很大的烦恼和不安，特别是在传统家庭中长大的孩子，对性幻想的出现往往不知所措；或产生一种厌恶心理，认为自己的思想意识不健康，责怪自己为什么出现这种幻想，甚至误认为自己真的已经不正经或变坏了，并由此背上沉重的精神负担。这些对青少年的成长是极为不利的。而另一种潜在的危险是，有些青少年容易分不清幻想与现实的区别，误以为自己真的爱上了某个异性，并过早地问津"伊甸园"。

那么，青少年应该如何对待性幻想呢？

首先，正确认识性幻想。性幻想，是青少年的一种正常心理现象。它其实是青春期男女乃至未婚成年人的自慰行为，是在没有异性参与的情况下所进行的自我满足性欲的活动。在这里，幻想起到了一种补偿作用，以宣泄内心的压抑，满足心灵的渴求，平息和抚慰心理冲突。所以，从某种意义上说，性幻想是一个安全阀。在国外学者的研究中发现，到青春萌动的年龄而依然不做性恋白日梦的，在所研究的男子中只占1%，女子只占2%。另据有的学者调查，70%的男女大学生曾有过性幻想。但是，如果过分沉溺于其中，嗜梦不醒，难以自拔，整日昏昏沉沉、神思恍惚，不仅会影响正常的工作、学习、生活和休息，而且会逐渐失去对

实际生活的适应能力，从而产生生理和心理上的双重危害。

其次，积极进行自我调控。青少年性幻想的出现是旁人所无法阻止的，关键是自己要具有良好的意志调控能力，处理好现实与幻想的关系。理智和全面地认识性的本质，增加性的知识，不责备、少烦恼，以平常心态对待幻想，避免因此形成自卑心理，影响身心健康发展。同时，学会控制自己，多参加丰富多彩的活动、多培养高雅的生活情趣、多阅读内容深刻的书籍，既丰富自己，又可调剂生活，能有效疏解精神上的压力，以减少过多的性幻想。

## 44. 为什么怕见人

几个星期前,乘公共汽车上学时,我和教化学的一位女老师相遇,她给我付了车费,我很感激她。可不知怎的,从此上化学课时,我便无法集中精力,不敢与她的目光相对。她是一位24岁的年轻老师。我知道,她对我没什么,因为她对其他同学也一样热情,而我也不是喜欢她。可上课时就是怕见她,怕她看我。怀着这样一种莫名其妙的不安,后来听其他课时心也乱糟糟的,以致我的成绩直线下降。

此外,自初中起,我就发现自己在公共场合或人多的地方不自在,进入高中住宿舍了就更为严重,这使得我很烦恼。有时迎面来了个女同学,我简直不知所措,恨不得有个地缝钻进去。为此,同伴常跟我开玩笑,说我比大姑娘还害羞。老师,您说我该怎么做才能改变呢?

环 欢

少男少女知多少

**环欢同学：**

你的情况是典型的青春期反应。其实任何一个正常发育的少男少女都有这种反应，只是有的反应轻微，有的反应严重罢了。比如羞于见人，最初都是从对异性开始的。为什么对异性有如此反应？主要的原因是一种性心理作怪。想见面又怕见，于是就形成了一见面就紧张回避的心情。想见是一种生理结合心理需求的反应，不想见是一种受社会和道德干预的反应，两者是矛盾的。人们在从小到大的成长过程中，往往要遇到这种矛盾，但也只有在这样的矛盾中，才能把自我锻炼成熟。为了解决矛盾，既不要过分压抑，也不应放纵，顺其自然。

一个人为什么怕见人，怕别人看？不妨以你和那位女化学老师为例。你猜得很对，那老师不会对你有什么偏爱（她对谁都一样热情），但说你也没往别处想，就不是真心话了。不错，你思想上确实没想什么，但你的内心却想了不少，否则你不会执意地表白。那老师24岁，言外之意她比你大不了几岁，可以说是同龄人，你对她有好感了！正因为有好感，你才怕人知道，怕见人，怕别人猜到你心里想什么。怕别人看更是如此，因为眼睛是心灵的窗户，一旦和别人对视，就觉得自己那点心事会被人窥视出来。

你所提的这两件事，其实是一个内容。如果说它们之间有什么联系，那就是你先有对人的不适应，而后才产生对老

师的怕。至于你为什么从小就不善于和人交往，估计和你童年的经历有一定关系。即使你把这经历忘得一干二净，但不等于小时候的经历在你潜意识中已经消失，它只不过被深深地藏起来了。心理学家常说，成人后的人际是童年人际的放大。在正常交往中不显什么，但在交往障碍发生时，就可显示出童年的痕迹了。有这样一个类似的例子，一个男同学在路上遇到一位女老师，女老师对他笑一笑，顺手给了他一块糖，那老师走出去很远，这男学生还在后面望着老师的背影发愣。他在想什么？还是这位女老师让他想起了什么？当男同学的妈妈领着他向心理医生咨询时（为什么我的孩子总在女人背后发愣），分析的结果暴露出一段他童年的经历。在他4岁的时候，邻居有几个较大的女孩为了逗弄他，让他拿出阴茎给她们看，常常用一块糖做引诱，这就是他在那位女老师背后发呆的根源，他究竟想的是什么可想而知了。

人类文明的进步和个体的成长成熟，其实都是胆与识、智与勇的历练。儒家经典《大学》中有"死不正"的描述：修身在正其心者，身有所忿懥，则不得其正；有所恐惧，则不得其正；有所好乐，则不得其正；有所忧患，则不得其正。近世美国的罗斯福新政倡导人类的四大基本自由：言论自由、信仰自由、免于恐惧的自由、免于匮乏的自由。古人在个人层面的格物修身，与今人在制度建设方面的改革、新政，都是在克服种种恐惧、争取智慧的成长

和心灵的自由。

环欢同学,你已经意识到自己的弱点,这何尝不是你人生智慧的起点呢?

最是敏感儿女心

## 45. 怎样克服自卑心理

我是一个自卑的男孩。我的朋友学习都比我好，老师经常表扬他们。其实，每次考试后的排名，我都比他们低不了多少。可是，我总有一种自卑的感觉。我该怎么办？

尤　强

**尤强同学：**

正值青春年华的少男少女，本该一个个活泼开朗、充满自信。可偏偏有少数人，因成绩不够好、个子不够高、长相不够漂亮，或自己觉得能力不够强等原因而产生"低人一等"的自卑感。他们常常沉默寡言、性格内向、情绪低落，不愿与他人交往，失去了应有的朝气与活力。

这里先介绍一则寓言故事吧。

有位园丁，一天早晨，当他到花园里去的时候，发现所有的花草树木都枯萎凋谢了，园中充满了衰败景象，毫无生气。他非常诧异，就问花园门口的一棵橡树："你们中间究竟出了什么事？"后来他得知，橡树因为自怨没有松树那样高大挺拔，所以就生出厌世之心，不想活了；松树又恨自己不能像葡萄藤那样结果子而沮丧；葡萄藤也很伤心，因为它终日匍匐在地，不能直立，又不能像桃树那样绽开美丽的花朵；牵牛花也苦恼着，因为它自叹没有紫丁香那样芬芳。其余的树木花草也都有垂头丧气的理由，都埋怨自己不如别人。这时，只有一株小草却长得青葱可爱。于是园丁问它："你为什么没有沮丧？"小草回答："我没有一丝灰心、一毫失望。我在此园中虽然算不上重要，但是我知道你需要一棵橡树、一棵松树，或者葡萄藤、桃树，或者牵牛花、紫丁香，你才去栽种它们。我知道你也需要我这株小小的草，我就心满意足地去吸收阳光雨露，使自己快乐地成长。"

这个富有哲理性的故事告诉我们，世界上没有十全十美的事物，也没有完全一样的东西。那么，作为万物之灵的人类，又会不会有十全十美的一个或者完全相同的两个？

只要仔细观察身边的人，就会发现，再优秀的人，总有他的缺点和瑕疵；再逊色的人，也总有他的优点和独特之处。这就是尺有所短、寸有所长的道理。明白这个道理，你就会在思想上豁然开朗，从而悦纳自己、接受现实、避开弱点，最大限度地发扬自己的长处。

追求完美，是人向上的天性，可是不完美却是人生的真实和生活的真实。如果总以幻想中的"完美"来要求自己，那就永远走不出自卑的泥沼。而自卑又像一堵看不见的篱笆

墙，把自卑者隔离和封闭起来。因为自卑，他们不愿与人交往；因为自卑，他们害怕挑战；也因为自卑，他们有了退缩乃至失败的借口。自卑消磨了少男少女的青春热情和朝气，也扼杀了他们的进取精神，使他们成为同龄人中的落伍者。相反，自信却是医治自卑的良药。它使人乐观、向上，增添无穷的力量；它更使人在与异性交往中热情爽朗、落落大方。自信给人生增添亮丽的色彩。尤强同学，让自信伴随你踏上成功的人生之路吧！

## 46. 爱看裸体画是否心理变态

在老师和父母的眼里，我是一个乖孩子。然而，我却常常陷入自责的深渊，感到自己内心深处的丑陋。原因是这样的：从初二开始，我渐渐迷上了裸体画和雕塑，也不知什么原因，就是喜欢。每次到博物馆去参观，我对其他的展览品都不屑一顾，而总是专注于裸体的东西。旁人用异样的眼光看我，仿佛在说："这个小孩年纪轻轻就学这么坏了，真是下流。"我一阵羞愧，马上面红耳赤，都不敢抬头。然而，过了一段时间我又控制不住再次去看。有时，我去公共浴室洗澡，也会趁机观察一下，对男性的身体在心里打分。更可怕的是，我走在街上，看到迎面走来相貌姣好的人也会联想：他（她）的裸体一定还不错。我是否真的有些"变态"？

茫　茫

茫茫同学：

进入青春期的孩子，由于生理快速发育、性意识萌动，

开始关注自己的身体,关注他人的身体,往往会对男人、女人的性征特别敏感,对裸体情不自禁地好奇。但裸体并不一定意味着色情和淫秽,对裸体关注也并不一定表明内心低级下流。

人体不但可以携带种种细菌、病毒,更是大量信息的载体。人是万物之灵,不仅其思想和才智是万物之首,人体也是动物中最美的。无论哪种动物,从形态到比例,都不及人体之协调。因此,青春期伊始,青少年性意识萌动,迷恋异性之裸体,固然是为摄取与性有关的信息,获取信息滋养;另一方面,自然之主的意图,或者说,造物主的根本策略不是让人止步于性欲的冲动与宣泄,而是要引导青少年由此门径深入智慧之海,生发慈爱与仁爱。所以,西方哲人有云:"性的历史,就是看性的历史。"问题不在于看什么,而在于怎么看。有道是:"外行看热闹,内行看门道。"如果仅仅陶醉于性欲的冲动,乃至于沉湎于性行为,包括意淫或者手淫而不能自拔,则大脑神经分泌的递质最终将引发生殖腺的兴奋,精液的大量分泌,故古人称此过程为"下流"。若是懂得往"门道"的方向引导自己的眼光,则可以用文明的规则驾驭自然的冲动,逐渐在生命活力与修养情操中间找到均衡,这便是人性的觉悟、情感的升华。中国传统文化中多有教人控制情欲冲动的办法,如白骨观,又如将异性视为同父母的兄妹。前两年,有对四川的父女画家,父亲李勤以女儿李壮平为裸体模特,画出名震中外的《东方神女山鬼系列》画作,便是绝好例证。

茫茫同学,这个"修炼"过程并非一日之功。古人讲,一张一弛之谓道,你所谓过分关注裸体,其实是你的自我暗示,你完全可以放松下来。另外,建议你多看几本生理卫生以及青春期性知识方面的科普图书,这样,不但可以针对大脑进行信息"饲喂"(因为大脑对异性胴体的整体结构以及局部构造确有知晓的信息需求),更重要的是,了解到女性发育与成长过程中的种种艰辛与迷途之后,你的恻隐之心会生发出来,对于女性的崇拜与迷恋则大大消解,甚至面对美丽、心仪女性时惯常的自卑心态、情欲冲动,渐被自信、宽厚、从容的心境所代替。与此同时,个人信心大涨,个人魅力亦可能会呈几何级数增长。

当然,这个过程绝非一蹴而就,要多给自己一些时间。像大文豪萧伯纳、梁实秋以及诸多中外名人,都是越老越有人格魅力。因此,毛主席诗云:"牢骚太盛防肠断,风物长宜放眼量。"人在青少年时期,宜树立远大志向,岂可被几个异性裸体障住目光?因此,看不是问题,但要明确,看的目的,是要看淡、看破、看穿。此所谓:"拿得起,放得下"是也。

## 47. 我失去"贞洁"了吗

记得我10岁、弟弟5岁时,我与弟弟有过好几次"性行为"。那时我和弟弟都不懂事,只觉得那样很好玩。直到现在,我才知道做了错事。我是不是不再贞洁?我今生怎样面对弟弟?

小 洁

**小洁同学:**

关于你与弟弟之间的行为,是一种儿时幼稚的性游戏。

在儿童期,兄弟姐妹之间,或是伙伴之间都可能有过各种带性色彩的游戏。他们的生理和心理尚未发育成熟,但通过对爸爸妈妈行为的观察,或是通过看电影、电视,开始对两性关系感到好奇,于是对成人行为盲目模仿。这多半只是一种本能的表现。幼小儿童的性游戏一般不会造成伤害,也就相当于孩子们"过家家"。你与弟弟相差5岁,两人都是儿童,都还未到性成熟的年龄,更说明你们之间没有真正发生过性关系。一般男孩要到14岁或更大一些,才会有真正

的性能力。因此,儿时的性游戏中你根本不可能失去童贞。

关于童年时的那件事,请不要给自己"扣帽子",也不要有任何罪恶感。人在少年时期难免做出一些幼稚可笑的事情,别人也同样可能有性游戏的经历,或是其他难以启齿的事情,只是你不知道而已。所以,你没有必要对这些事耿耿于怀,把它当作一个童年的秘密,珍藏在心底就行了。

关于你和弟弟童年时的性游戏,如果弟弟提起,你完全可以轻描淡写地说"那不过是儿时的一个游戏"。尽量淡化彼此对那次事情的记忆。他不提,你也不必主动去说。等他长大一些也就能够理解和正确对待过去发生的事了。

## 48. 克制性冲动有害健康吗

我是一名高二男生。听说男人性冲动时应及时宣泄，如通过手淫、性交或看色情光碟而完成射精。可是我在性冲动时常采取克制或转移的办法，除偶有梦遗外，至今不曾有意让自己射精。这样做会不会有损健康呢？

夏　雨

**夏雨同学：**

你提出了一个很好的问题。进入青春期的男孩，因性激素作用而出现性冲动，实属本能。但用什么方式缓解性冲动、释放性压力，却涉及知识、健康、道德乃至法律。

实际上，每个性成熟的男女，其一生中绝大部分时间都在克制本能的性冲动，即使那些有配偶的男女，也不是一有性冲动就要立即性交而射精。古今中外找不到任何医学证据说明，某人是因克制性冲动而致病或死亡的。相反，因纵欲而损害健康乃至殃及生命的例子却比比皆是。因此，你用克制和转移的办法来应付性冲动，完全是正常和健康之举。少

数人通过手淫等自慰方式去释放性压力,也是正常的,但依赖手淫,上瘾成癖则有碍健康和影响学习。因此,没有手淫的习惯不必刻意去模仿别人。

未成年人的性交,是违背健康与道德原则的。因为它并不与恒久的爱情承诺相伴随,不过是为了满足身心的欲望,但其产生的后果却是未成年者难以承受的。性以爱情为基础、以婚姻为前提,是主流社会公认的道德准则。至于青少年偷看色情光碟更是不健康、不道德的行为,是校规和社会规范均不容许的。

夏雨同学,希望你继续保持洁身自爱,并把以上的道理传达给周围的男生。

最是敏感儿女心

## 49. 我是不是同性恋

我是初三的学生。初二上学期有个女孩对我不错,后来,我发现她有很多缺点,对她特别失望,就"分手"了。那时,我有很大的压力,同学们老是起哄,说我长得好,像个女孩子;说我走路的样子更像女生。我特别难过,很怕别人这样说。于是,我就尽量表现得男子气,打架、骂人,和老师对着干。

初二下学期,我开始注意班里的一个男生,他人很好,长得高大威猛。我对他非常崇拜,因为我身上没有的东西他都有。我经常会想念他,而且控制不住地想和他在一起。我很害怕,不知道这种心理是不是同性恋的表现?

小 行

**小行同学:**

我知道你在担心什么:自己是不是同性恋呢?

不是!青春期少男少女,都有可能因为一些身边的事情或自身的行为习惯而表现出性倾向不确定的状态。有专家认

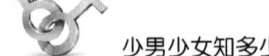

为，青春期是一个性倾向比较混乱的时期。从混乱走向明确，是一些少男少女的必经之路。你并不是一开始就对男生感兴趣，你的混乱首先来自对那个女生的失望；其次是同学对你性取向的"干扰"；再次是你急于塑造自己的男子汉形象又遭遇失败……当这些因素共同起作用的时候，你才去注意一个在自己看来是真正男人的同学。在你的信中有很关键的一句——"我身上没有的东西他都有"，可见，你的性倾向混乱与周围的环境、自己的感受和改变行为的动机等，有着密切的关系。

第一，应该正确认识自己，正确评价自己，克服自卑心理。有些男孩崇拜英俊潇洒、健美强壮的男人，主要是认为自己外表缺乏阳刚之气，性格方面也比较柔弱。实质上，这是心理幼稚的表现。比如你，只要能努力完善自己，就必然会走向成熟。所以，在强壮的同性面前，你不应自卑，而应认识到，未必每个男人都健壮，但每个男人都应阳光、健康。在欣赏他们的同时，要为自己的未来设计一幅美好的蓝图，当然不仅是外表，还应当有丰富的内心世界。

第二，必须在人际交往中找准自己的位置。如何与周围的同性平起平坐，毫不退缩；如何在女孩子面前潇洒自如，体验男子汉的自豪和奔放。与异性交往比与同性交往要困难得多，必须克服恐惧和犹豫。如果能够主动交往，得到异性的接纳，便是成功。

第三,独立思考,勇于探索。做一个男性与做一个女性有什么不同?社会对男女的行为规范各有什么要求?这些要求是合理的吗?如何欣然接纳自己的性别?可以观察周围的人,也可以与同学、朋友讨论,还可以向你信任的人请教,或是到科学著作中去寻找答案。对这些问题有了明确的认识,就能使自己摆脱困惑。

第四,对同性恋的存在应有一个客观的、科学的认识。不可否认,生活中确实存在同性恋的人,而真正的同性恋者并不想改变自己,一般也不要求进行心理咨询和治疗。而你并非刻意追求同性,也从没有这类行为,只是停留在想法和怀疑上,并且非常想使自己摆脱困境。

基于这种情况,你要改变自己是能够做到的。因为,有不少青春期男孩存在着"同性恋恐惧",其实质是对自己长大的恐惧和不安。他们在潜意识中对未来充满担忧,对生活缺乏自信,这属于青少年心理发展中正常的、暂时性的心理偏离范畴。所以,青春期的所谓"性倾向混乱"是易于纠正的。

## 50. 医生有权过问少女隐私吗

我是一个 17 岁的女孩。我到医院去看病时，医生批评我不应该化妆。在询问病情的过程中，她提的好多问题都使人很难堪，我羞于回答。第一次去看妇科病就对医生产生了不好的印象。请问，医生有权干涉我的隐私吗？

小　梅

**小梅同学：**

医生对你的批评并针对病情提出问题，是出于职业的需要，也是全面了解你健康所必需的，并不存在侵犯隐私的问题，因为医患之间是一种特殊的关系。

在医院门诊部，确曾遇到有些前来就诊的少女，由于对某些问题认识不足或缺乏知识，不说实话，使医生不能及时做出正确的诊断，有的还险些发生严重的后果。下面我举一个实例，以引起你的重视。

一天，一位 15 岁的少女来就诊。她剧烈腹痛，表情痛苦，可是她那浓浓的眼影、脂粉和口红，掩盖了疾病引起的

面部征兆。在询问病史及体格检查中,虽已怀疑她患有"宫外孕",可是病人及其家长否认她有性生活及停经;血液检查发现血红蛋白及血压均在临界,加之她年龄小,又看不出明显贫血状况,致使医生当时未能果断地诊断为"宫外孕",只以"腹痛待查"留她观察14小时。这期间,她的血压发生了变化,于是对她做进一步的腹部B超及腹腔穿刺检查,这才确诊为"宫外孕",最后做了手术。

人的面色,往往可以提示某些疾病的蛛丝马迹,可是在化妆后就医,面部的真正颜色就会被化妆品所掩盖。上面讲的那位少女的"宫外孕"未能及时诊断,虽然原因是多方面的,但她浓艳的化妆,毫无疑问也起着掩盖病情的作用。因此少女们就诊时,切不可化妆。

不少女孩对妇科检查谈虎色变。她们之所以害怕是因为羞涩,还担心妇科检查会损伤处女膜。实际上,未婚女孩上医院看妇科,一般都不做妇科检查,必须检查时,也不做阴道检查,而以肛门检查代替,以了解子宫及其附件的情况。所以,少女害怕妇科检查会损伤处女膜的顾虑是多余的。的确需要检查阴部时,也是很严肃的事,事关本人的健康,少女们无须羞涩。

少女就诊时不应化妆,不要害怕妇科检查,不应隐瞒与疾病有关的隐私,以免延误病情,令身心健康受到不应有的损失。

在这里,我们强调,医生的提问应是围绕病情的,如果与病情无关,你可以拒绝回答。如果怀疑男性医生有不良企图,你可以大胆表示自己的疑问,或要求更换医生,或要求家长在场,这是你应当行使的权利。

## 51. 少女该不该整容

我是一个长相很一般的女孩,多希望有一天,我能从丑小鸭变成白天鹅。报纸上登出人造美女的消息让我有些动心。我虽然是学生,没有经济收入,但家里比较富裕。我想说服爸爸妈妈让我去整容,彻底改造自己,可是我的想法遭到了父母的反对,为什么?

赵 丽

**赵丽同学:**

的确,报纸上不断登出人造美女的广告,还刊登出整容人的照片,很是诱惑人。但这纯粹是商家的炒作。你想,如果你是当事人,在花了一大笔钱(10万元以上)并忍受了难言的痛苦后,还愿意把自己整容前和整容后的"尊容"公之于众吗?商家为了赚钱,会抓住每一个商机;而媒体则唯恐抓不住新鲜事并加以渲染造成轰动效应,事情就是这么炒起来的。那和你——一个青春少女、一个正在求学读书的学生,没有什么关系。虽然你父母有经济条件,但不答应你

去整容,因为那是有风险的,万一整容成毁容怎么办?学校老师、同学能不能接受你改变后的面貌?这些都是应该考虑的啊!

我就知道有一个男孩,利用暑假去做了美容,把原来他认为下陷的双颊垫起来。但做了之后,他觉得比原来还难看,结果又让医生给做回去了。然而他还是不能接受自己的容貌,为此苦恼到极点,以至死活不再去上学。最后他父母只好向心理医生求助。

美国著名的整形医生麦克斯威尔·马兹博士发现,许多到他诊所要求整形的人,其实不但要求外貌的整形,更渴望抚平其心理上的创痕,即对"内在自我"的整形。就是说,需要整形的人往往是缺少自信,主要是心理存在障碍。而你的烦恼似乎也印证了这一观点。你说要"彻底改造自己",说明你把自己的容貌看得一无是处,事实真是这样的吗?

整形医生还告诫说,整容手术只适合发育完全成熟的成年人,青少年整容的风险较大。一是青少年正处于发育之中,今后各个器官还要变化;更重要的是,整容破坏了身体自然的生长规律,为今后的生活留下了隐患。无锡一个少女曾去美容院隆胸,后来结婚生子,很想用母乳喂养孩子,她希望医生恢复她以前的乳房,医生说这不可能,因为乳腺早已切断,乳房的结构已改变。她后悔莫及。

世界上的事物总是丰富多彩的,人的相貌何尝不是如

此。到底什么是真正的美?千万不要以影视中的美人做参照,不要把合乎"时尚"的体形和容貌当作最理想的。身体健康,体重得当,身材匀称,五官端正,皮肤有弹性,充满青春活力,服饰和自己的身份搭配,这就是自然的美。美容后的漂亮与天生丽质是不可同日而语的。据传,韩剧《××生死恋》中饰演恩熙的演员是经过整容获得的美丽,结果使许多崇拜她的影迷大失所望。

我们应该明白,美丽源于自信,自信又和可爱结合在一起。这些都是不能通过整容得到的。

# 伊甸园的果子未成熟

## 52. 男女生为何彼此疏远

进入小学六年级,我们都好像长大了不少。男女生之间有了界限,彼此不说话;某男女生稍有接触,其他同学就要起哄。这到底是怎么回事?

小 苑

**小苑同学：**

在跨入青春门槛之初,出现这样的现象是很正常的,但也是短暂的。主要是男孩和女孩在这一时期发现,自己的身体出现了变化而异性同学又出现另一类变化时,开始认识到男女有别,于是言行就变得比较拘谨。同时,在对异性的好奇心和神秘感驱使下,一旦发现有男孩女孩比较接近,哪怕只是说一两句话,也要起哄,这恰是羞涩而又想探知异性秘密的反映。"吃不着葡萄就说葡萄酸",就是这个意思。

青春期心理变化远不止这么简单。一般来说,少男少女性心理的发育要经历如下几个阶段。

1. 异性疏远期。你信中提到的现象就属于这一时期的

表现。主要是对自己身体的变化羞涩和不安引起的。女孩害怕男孩发现自己的乳房发育或月经初潮,男孩害怕女孩察觉自己长出胡须或喉结等体征。于是男孩女孩间彼此疏远冷淡,课间活动保持界限,男孩一堆,女孩一群。有的人在家庭中还不由自主地疏远异性家长。这种青春初期异性疏远的背后,潜藏着对两性差异的莫名感和神秘心理。

2. 异性吸引期。对异性产生好感与欣赏,一般发生在女孩12~13岁、男孩13~14岁以后。两性的外表差异凸显出来,正是这种差别产生了吸引力。"同性相斥,异性相吸",这就是所谓的"磁场效应"。男女相互接近的渴望使他们乐于参加与异性在一起的集体活动,喜欢结伴外出郊游、娱乐或参加体育锻炼等;并对异性表示关心、体贴,乐于帮助异性同学以博得好感。但是,这种接触、交往多半没有专一性和排他性。

3. 异性眷恋期。随着年龄的增长,少男少女的独立意识越来越强,与父母的关系倾向疏远。由于体内性激素水平增高,异性相吸的磁场效应也越来越强,每个人都可能交上一个或多个异性朋友。此时的青少年,应加强责任感和自我控制,积极、自然地多交异性朋友,在交往中做到相互尊重和平等,并增强自尊和自信。

当青少年明白了自己心理变化的过程后,就能解除困惑,坦然地接近异性,学习两性交往的艺术与规则。

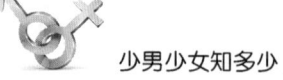

## 53. 看到异性为何想入非非

我是一个初三学生,看了黄色书刊后,脑子便萌生邪念;看到漂亮的异性时,脑子里时常情不自禁地想入非非。事后为此很懊悔,有时真想去死。我不想变成人面兽心的家伙。请救救我!

五　强

**五强同学:**

你不是罪人和败类,更不是人面兽心。你所说的"邪念"属于正常的性心理现象,称为"性幻想"。你不用自责。正如著名性学家贺兰特·凯查杜里安指出的,性幻想是所有性现象中最为普遍的,很难想象什么人会没有这种心理。性幻想中还会伴有相应的情绪反应,或欣喜若狂或快快不乐,由此获得一定的性满足。性幻想对你们进入青春期的孩子来说,是正常的性生理和性心理现象。但是,承认性幻想是相当普遍的、正常的性心理现象,绝不是说应该沉湎其中。你面临毕业,需要做的事情太多了。

所以，我建议：一是别太把性幻想当回事，有时候想想就想想，不必为此而自责，这样反而会使你对性幻想淡漠一些，这一点很重要。二是平时注意把自己的精力集中到学习和其他丰富多彩的活动上去。人的大脑活动有一个特点，就是同一时间只能有一个兴奋中心，这就是平常说的"一心不可二用"。当你满怀兴奋地去做那么多事情的时候，性幻想也就"不辞而别"了。三是拿出勇气扔掉黄色书刊。那些书刊专门渲染男女的性活动，对青少年有很强的挑逗、刺激作用。你勇敢地来信，说明你已经开始自救。想必我们的沟通会帮你更坚定地改变自己。

## 54. 在异性面前有表现欲正常吗

只要有女生,特别是漂亮的女生在我面前时,我就有特别强的表现欲,想吸引她们的注意。但这样又往往把事做砸,总感觉自己很没有出息。这究竟是怎么回事呢?

环 华

**环华同学:**

敢于表现自己,显示自己的才华,这是现代男女突出的特点。而在异性面前爱表现自己,更是青春期男女正常的心理和行为。少男少女在身体与性心理的成熟期,都多少会出现"自我虚构"或"假想观众"的心理,这是表现欲的源泉之一。问题是,这种表现欲是朝消极方面发展,还是朝积极方面发展。

有的同学在学习成绩上互相竞争,力争自己是同性同学中的佼佼者;在体育锻炼中显示自己的竞争力,常常在运动会上为集体争得荣誉;或者在某种讲演会上,勇于登台亮相,成为众人注视的目标;在课外活动中,也表现出自己的

聪明才智；甚至在全班的聚餐会上，炒出一两个拿手的好菜。总之，他（她）不放过每一个可能表现自己的机会，从中博得别人的称赞与羡慕，或赢得异性同学的青睐及崇拜。这样的同学，他（她）的表现欲是好的，有利于增长知识、才干，也有助于自信心和自尊心的全面发展。他（她）的内心充实，不乏自豪感和成熟感，正在为他（她）今后成就事业和谱写人生篇章奠定良好的基础。

但有的同学却不是这样，他们采取了不恰当的行为方式。例如，有的女生过分打扮自己，涂脂抹粉，穿着过于裸露的服装；或者举动夸张，矫揉造作，以引起别人尤其是男生的注意。有些男生为引起女生注意，故意顶撞老师，或以"保护女生"为借口出风头、打群架，还有的以各种挑逗性言行去吸引异性注意，等等。这些行为举止的结果，恰恰与他们的主观愿望相反，不但破坏了自己的青春形象，而且影响到自己的人际关系，还会分散同学的学习精力，又易引起周围人的厌恶、鄙视。因为即使中学生思想还不那么成熟，分辨是非善恶的能力起码还是有的，所以，当有机会在异性面前"露一手"、出风头时，你也得衡量一下时机与场合是否恰当，方式是否合适，不注意就会弄巧成拙。有这样一个真实的故事。初三年级某班同学在地理课野外实习考察时，全班同学来到一个两米多高的坡地。几位男同学打赌，谁敢从这儿跳下去。这时，在众多女同学关注的目光中，站出来

一位想表现自己大无畏精神的"勇士"。他二话没说，双脚一并，顷刻间跳了下去。结果，腿部骨折，"勇士"没当成，却成了一位"伤兵"，只好由同学背到医院治伤。此事成了一大笑柄，也严重伤害了他本人的自尊心。你每当在表现欲很强的时候，应当以理智的头脑来加以思量，审时度势，选择恰当的行动。

伊甸园的果子未成熟

## 55. 为什么怕接触女生

我是高一的学生,平时性格内向,与其他同学交往很少,尤其是与女同学说话总感到很紧张,甚至怕与她们接触。我这样正常吗?

小 丛

**小丛同学:**

你的表现在青春期阶段比较多见。因为这时候性意识萌动,知道男女有别,但内心又喜欢女同学,甚至可能有手淫和性幻想等。在这种情况下,面对女同学就会感到不好意思。对外向的同学而言,这种现象比较少,经过短时间与女同学的疏远之后,很快就没有什么隔阂或距离了,他们甚至愿意互相接近。但性格内向的同学,有更丰富的内心世界,在文静和腼腆的外表下,他们的内心对异性也充满了爱慕之情,也希望与异性交往。但他们过于看重对方的反应或害怕遭到拒绝。他们越希望交往,就越感到紧张,并且经常假设情景。在这些情景之中,他们会假想遭

受拒绝的尴尬或担忧他人窥视自己的内心世界。所以在现实生活中，他们往往很少主动与人交往。这种主动避免与他人接触的情况其实是对社会交往的畏惧。在成人中也有类似的人，他们害怕在人多的时候讲话，害怕外出办事，甚至因为害怕与异性谈话而没有办法结交朋友，为择偶带来困难。这种行为称为社交恐惧症，患者需要心理医生的指导和治疗。

你还处在青春期，不至于是社交恐惧症患者。你如果对自己做积极的心理调适，也许就能预防社交恐惧症。你可以试着按照以下几方面去努力。

1. 不要对自己的表现有过高的要求，降低标准就会减少焦虑。

2. 经常主动与同学交往，循序渐进，先与一两个同学接触，慢慢扩大范围。有了同性好朋友，就可试着与他一道去与异性同学交往了，这更有助于改变对社交的畏惧。

3. 建立自信，克服自卑，不必藐视自己、仰望别人，要知道彼此都是同龄人，谁也高明不到哪儿去，这有利于克服心理障碍。

4. 学会鼓励和表扬自己，在取得一些进步后奖励自己。

5. 做一个计划，将自己的具体行动记录下来，检查自己是否已经完成任务。

6. 遇到挫折不要灰心，要明白这是在锻炼自己，对方

无论是什么反应你都不要太介意。

小丛同学,你只要打消顾虑勇敢行动,就会发现与女生交往其实并不难,还会给生活增添乐趣,开阔你的视野。赶快行动吧,行动能改变你。

## 56. 怎样摆脱单相思之苦

我喜欢班里的一个男生,但是他不喜欢我。我很想忘记他,可就是办不到。只要一有空,我就会想他。怎样摆脱这种单相思之苦呢?

晓 思

**晓思同学：**

爱情,本应是男女双方共同拥有的一份感情。人人有爱的权利,也有不接受爱的自由。有人向对方抛出了爱的绣球,可对方却不理不睬,于是,就有了一厢情愿的苦苦思念,这就是单恋,也叫单相思。还有的人,强烈地爱着对方,可是出于羞怯和自卑,不敢向对方表达爱意,只好把爱的种子悄悄埋藏在自己的心田,被"剪不断,理还乱"的情思终日困扰着。

进入青春期后,随着性生理的成熟、性意识的萌动、影视媒介的刺激,有的中学生会演绎出单相思的故事。这些故事有的很美,有的很悲,有的令人回味,有的令人揪心。大

多数的单相思之"梦"会随着青春期脚步的迈进而化为身后的一缕轻烟,淡然逝去,只在记忆深处留下美好或苦涩的一支小插曲。原因很简单,因为青春期的"爱"多半不是像成年人那样经过深思熟虑而做出的表达,它虽来得强烈,却也去得迅速,甚至不留踪影。然而有少数性格内向、不爱交往的孩子,不善于排遣自己内心的单相思情结,就有可能变得孤僻、苦闷、心情压抑,陷入心理失衡的状态,影响自己的健康和学业,有的甚至患上不同程度的恐惧症、抑郁症或妄想症等。

何况,处于单恋中的男女,往往把所恋的人理想化,把各种美丽的光环加在对方的头上。而事实上,自己朝思暮想的那一位,却远非想象的那么完美。这就像进入一个大花园,有的人第一眼看见自己从未见过的花朵,就被吸引住了,对它大加赞赏,觉得那是世界上最美的奇花,流连忘返。可是当他继续观赏别处,发现比它更鲜艳、更美丽的花朵有的是,这才感到自己原来是少见多怪、幼稚可笑。中学生由于生活面窄、阅历有限、见识很浅,对人、对事的判断有类似的盲目兴奋、动情的特点。

那么,如何使自己从单相思中解脱出来呢?你可以试试这样做:让自己忙碌些,将生活安排得充实有序,以至于无暇胡思乱想;发展自己的兴趣爱好,确定一个奋斗目标,满怀自信心去争取达到,从而淡化对"意中人"的思念;广泛

地与同龄人交往，发现你思念的人有不如别人之处，将他（她）与别人做更多的比较，改变"情人眼里出西施"的虚假幻想；每天写日记，记下自己生活学习中的所得，使自己相信，没有他（她）在身边，自己也可以生活得充实愉快；在不自觉陷入相思之苦时，可以多听音乐以转移自己的注意力，努力想象音乐中的意境；去与你思念的人交往，像对待别人一样坦然大方；去参加社会活动，投入每天都能给你带来新的信息、新的兴奋点的集体生活。

当你这样做了，你才知道，等待你去做的事很多。当你度过了这段困难时期后，再去回首往事，你会发现当初你是多么幼稚，而今你变得理智了，进步是多么可喜啊！

## 57. 触碰异性为何有"触电"感觉

春游时，我在险峻陡峭的山崖上正气喘吁吁、艰难地向上攀登着，突然班长的手伸向了我，连扶带拉地帮我爬了上去。当他的手和我的手相碰的那一瞬间，我突然有一种触电般的感觉，脸红心跳、兴奋异常。羞涩，却似乎又不愿意放开他的手。事后，我非常困惑地问自己：我这是怎么啦？我的感觉出了毛病吗？我的表现是不是很坏？

晓楠

**晓楠同学：**

正值青春期的少男少女，大都有这样的体验。尽管暗暗叮咛自己不要胡思乱想，还是禁不住去回味、咀嚼那令人难忘的瞬间。

其实，你不必过虑，这是青春期的一种特殊却又完全正常的心理体验。它是你的性生理成熟而引起的性意识的萌动，是大脑与神经系统对外界的一种反应过程。周围环境中与异性有关的声、光、色、气味、机械刺激等，被人体神经

系统构成的各种感受器所接纳。这些丰富多彩的刺激变为神经冲动,传入神经纤维到达反射中枢,就会引起相应的情绪变化和一系列心理与生理上的反应。这就是"触电效应"之谜的答案。它虽属中枢神经系统的低级部位管理,但同时也受到大脑皮层的控制和调节。大脑皮层的活动通过语言和行动的作用,既可以激发,也可以抑制受低级中枢管理的性冲动。

这时的你,开始注意异性,在乎同异性的接触。异性注视你的目光、偶尔间的接触、随意的问候,都可能使你怦然心动,这是非常自然的。当然,为了不使自己经常因此分心,你又必须以理智来控制这一阶段的情绪冲动。人有理性和意志力,这是人与动物最根本的区别。理智告诉你,青春期生理虽已在本能上成熟,对异性感兴趣虽无可厚非,但这一时期的思想、心理、智力、意志力却远未达到社会文化意义上的成熟。如果你能借这样的机会训练自己的意志力,学会驾驭自己的感情,克制暂时的冲动,以平静、坦然的态度对待异性,自然而又不失分寸地与他(她)们交往,同时专注于自己的学业,遨游于知识的海洋,那么,你将在人生成熟的田野中收获丰硕的果实。

晓楠,在你们所处的青春世界里,两性风貌多姿多彩,两性交往自然而活跃。对异性接触的敏感,证明你是一个正常发育的女孩,值得庆贺,值得欣慰。但要过好"触电"

伊甸园的果子未成熟

关,又是多么重要。其中一要科学,二要理性。理性来自科学,也来自对人生的追求和信仰。科学与理性这两件宝贵的东西,恰恰是少男少女们正在求索与获取的。祝愿你们用科学与理性之光去照耀自己的人生航程,成功地走向理想幸福的未来。

## 58. 恋上老师怎么办

我是一位初三的女生，不知什么原因，我竟然莫名其妙地爱上了一位比我年长一辈的英语老师，而且只要一天见不到他我就恍恍惚惚。这突如其来的感情让我心慌意乱、心神不安，学习成绩日渐下降。面临初三的毕业与升学，我该怎么办呢？

蒙　蒙

**蒙蒙同学：**

一个女孩爱上了一位属于长辈的英语教师而不能自拔，这其中的苦恼我十分理解。也许你还不知道，这样的感情经历并非你所独有，实际上，不少的青春少女也和你一样，对比自己年长许多的异性萌生出爱慕之情。作为一类现象，我们有必要先来概括地分析一下这种恋情产生的实质。

有位社会学家曾把人类婚恋意识的发展概括为 4 个时期，其中就有"向往年长者时期"。这里所谓的年长者不是指一般的年龄较大的人，而是在学识、阅历、谈吐和风度上

伊甸园的果子未成熟

都显得较为成熟且颇具魅力者。有人形象地把少女对年长者的这种爱恋称为"牛犊恋",意思是说像牛犊对老牛那样的依恋。其表现有如对待偶像般地倾心于对方,时刻注视并铭记着对方的一举一动,常常把这种爱慕之情深深地压抑在心里,让这种情感折磨自己也慰藉自己。

产生"牛犊恋"的一个重要原因是少女进入青春期以后,不再满足于同性朋友之间的交往,而是渴望与异性接触,开始表现出对异性的关心、爱慕和向往,这是性意识的觉醒与萌动,也是人们通常所说的情窦初开。但是,处在同一年龄阶段的男孩异性伙伴成熟的水平还较低,言行举止都显得幼稚,难于同心理成熟较早的女孩进行心灵上的沟通。这就使得一部分少女把自己的感情转移到那些阅历丰富、思想深刻、风度不凡、感情深沉的年纪较大的异性身上。特别是一些缺少安全感而又亟待寻找心理依靠的少女,最容易陷入这种感情的漩涡。

产生"牛犊恋"的另一个主要原因在于"认同作用"。精神分析学的鼻祖弗洛伊德认为,每个女人,从童年起,如若产生了恋父情结而久久不能转移时,便可能将初恋献给一个酷似父亲的男子。这种"认同作用"的规律,正是一些女性的择偶规律。当她们看到那些比自己年龄大,且和自己敬慕或渴望的父亲具有相似之处的异性时,就会情不自禁地产生爱慕之心。而其他的同龄异性,都不能诱发她们产生这种

感情。

你的情况是不是这样，希望你能对比我上述的情形再进行分析。那么，怎样解开你的恋师情结呢？

据我看，最重要的是要用理智去控制情感。人是一种社会动物，不仅是"情感人"，也是"理智人"。"牛犊恋"是不理智的、不对等的，多半是年轻者对年长者的幻想与痴迷。这种感情是嫩弱的，经不住风吹雨打。何况，那位老师是你的长辈，人家也许早已成家，有了妻室、儿女呢。因此，当面临这种情感冲动时，不妨冷静地想一想：我的这种感情能结出爱情之果吗？我现在最主要的任务是什么？我究竟爱他什么？他知道我的爱吗？有条件接纳我的爱吗？只有明白了感情发生的根源和可能的结局，才能说服自己克制感情冲动。

最后，我还劝你不要封闭自己的心灵之窗，应把自己内心的感受向富于经验又热爱学生的老师以及青少年心理咨询专家倾诉，减轻你的心理压力，以讨得解决问题的良方。

伊甸园的果子未成熟

## 59. 男老师可以吻我吗

他是我高中的语文老师,知道我失恋了,他开导我丢开情感烦恼正视现实,我也一直视他为恩师。那天,他约我到他的办公室坐坐,我们谈起了诗歌朗诵。他突然站了起来,转到我的身后,向我俯下身子,竟狂热地吻起我来。我不知所措,心跳得厉害,我克制着自己,终于借喝水的机会摆脱了他。我该怎样看待这件事呢?

丰 婷

**丰婷同学:**

读了你的信,我的心情很复杂,冒出一身冷汗。这是一种多么危险的情景啊!实际上,你已经有了被"性骚扰"的经历。因为你是一个好女孩,你懂得自尊、有理智,才机智地逃脱了一次难以预料后果的"性侵害"!这件事会给你什么启示呢?我想,至少应有以下几点要提醒你。

1. 警惕行为不检点的人。心怀叵测的成年男人,在青春少女那里找便宜,招数是很多的。在诸多少女的电话咨询和来信中,有类似你所遇到的情况。这些男人有家,甚至是妻子贤惠、孩子可爱,但出于肉体的欲望,不惜去玷污少女,有时不费吹灰之力就能达到目的。

2. 不要轻信花言巧语。这里提醒你,对异性的了解不能只限于表面。对可疑的男人,即使是最亲近的熟人或老师,也要通过他的言行举止进行冷静的分析,要认真鉴别其中传递出的"不良信号"。一个男老师,单独约你去无他人在场的办公室,当然是不正常之举。

3. 保持距离,勇于拒绝。不管对方是你多么佩服的男人,也要保持一定的距离。当对方有意"进犯"时,应当立即做出反应,巧妙拒绝、回避、斥责,直至诉诸法律。对异性教师,不得不单独与他相处时,应将门敞开,这是自我保护的常识。

4. 认识复杂的社会环境。花季少女是身心最脆弱的人群,最易成为性侵害对象。某些品行不端的人,总想在她们身上找便宜。最可恶的是,色狼还会伪装成道貌岸然的君子。一定要睁大你的眼睛,与你的同龄人形成"自护同盟",穿好你的"迷彩服",准备好锐利"武器"同其斗争。

5. 对这次事件应有所反思。想一想自己,是不是过于"好心度人",放松了警惕?是不是无意中暴露了自己的软弱与忍让?

伊甸园的果子未成熟

青春少女涉世不深,处于成长中的"多事之春",出一点这样那样的小问题是难免的,可以从不断汲取教训中成熟起来。但应该尽量避免出大错,防止付出过于沉重的代价。

## 60. 收到情书该怎么办

那天放学回到家里，突然发现同班一个男生放了一封信在我书包里。信里说他爱我，爱我美丽的大眼睛，爱我同别人说话时微微噘起的嘴唇，爱我对他的无私帮助……接到这封信我真的没有心理准备。我并没有过多关注他，只因为我是英语科代表，有时在他赶交作业前，给他提醒几个单词。我是否引起了他的误会？该怎么办？

萧 昀

**萧昀同学：**

你不必那么紧张，被人喜欢、欣赏并不是坏事。你在信里说"是否引起了他的误会"，言下之意，似乎自己有什么责任。其实，不管是否误会，你都该为自己高兴。我也要祝贺你，你长大了，成了一个有魅力的女孩。你不必自责，因为那位男孩和你都没有做错什么。

让我们来分析一下，那个男孩为什么会给你写情书。如果你同自己的好朋友互相交流一下，就知道在这个时期，男

伊甸园的果子未成熟

女生之间相互表示好感的事真不少。你看吧,一到新年或情人节,男女生之间在贺卡上写的肺腑之言,真有些令人脸红心跳呢!这都是体内性激素惹的"祸"。在情窦初开的年龄,谁都会萌发对异性的好感、倾慕,只是有的表达出来,有的藏在心中。这一时期,自己心仪的异性的一举一动,都会在内心里掀起感情的涟漪,于是想尝试一下与异性交往的体验,希望得到异性朋友的信任和理解,解除内心的寂寞孤独或失意,或者需要一个令人崇拜的偶像来鼓励自己。这种情感非常美好、非常纯洁,不带任何功利性质。为了得到自己心仪者的认可,他(她)会尽量努力,使自己变得优秀而可爱。

有这样一个男生,他非常优秀,某重点大学硕士毕业。但鼓励他一路努力奋斗走过来的竟是他只见过一面的陌生女孩!15岁的时候,他在人群拥挤的桥上和一个女孩撞到了一起。那女孩如清泉般清澈的大眼睛和娇羞的神态突然使他心里的某一扇窗户"砰"地打开了。从此,纯洁的少年有了心事,希望再次见到女孩,把心里的许多话告诉她。他从此不说脏话,学习更加努力,因为他有一个誓言,就是大学毕业后一定要到桥那边去找她。时间的长河缓缓流过,他从一个少年变成了青年,虽然再也没有见到过那位女孩,但那次偶然的相遇,那种美好的情感给了他多么巨大的力量!

他少年时的"心事"是不是爱呢?可以肯定地说,不是。因为爱情需要相爱的两个人彼此深刻的了解和高度的认

同，需要巨大的投入甚至承诺终身。当时这一切都不具备，但他确确实实地产生了对桥上女孩的情感。这种情感的萌芽是如此美好，如此单纯透明，为什么要给它扣上"早恋"的帽子并将其掐灭呢？

　　萧昀，告诉你这个故事，就是希望你在此时既不必紧张，也不必把它当成男孩对你爱的表白。当懵懂冒失的少年自己都不明白干了什么的时候，你岂可如临大敌？说穿了那男孩就是对你产生了喜欢、倾慕、好感，那并不是"丘比特之箭"。写字条的动力来自性发育时的性意识萌动，可能是昙花一现，转瞬即逝；也可能保持稍久，但又转向对另一位异性的"喜欢"。这种感情，就像蓝天上的白云，看上去很美，但风吹来就飘散了；像春天里的积雪，太阳出来就融化了。

　　既然明白了这个道理，你就可以从容而坦然地处理这件事。字条你可以收藏起来，不必告诉他人，这是你们两个人之间的秘密。你有义务尊重别人的隐私，也不要伤害他的好意。你可以一如既往，就当这事没有发生，保持沉默就是对他最好的回答。交往不必中断，把他当作一个普通的同学，该做什么还做什么，他需要你帮助的时候仍可伸出援手，但尽量避免两个人单独相处，否则彼此会很尴尬。过段时间，"敏感期"就会过去，大家仍会是同窗之友。只是经历过这件事情后，彼此肯定会成熟许多。

伊甸园的果子未成熟

## 61. 未成年人发生性行为有何后果

据我所知,我们班女生中已经有人和男生发生了性行为,还有人跃跃欲试。据说发生性行为很刺激,很令人开心,不知后果会怎样?

果 果

**果果同学:**

有的事情可以尝试,但有的事情却不能尝试。例如,下面是悬崖,能尝试跳下去吗?未成年人发生性行为,也许可以获得一时的快感和刺激,但后果是什么,考虑过吗?在现实生活中已有少男少女因为发生性行为而后悔自责;也看到少女因意外怀孕堕胎而痛不欲生;还有的因为爱夭折而生恨,导致杀人或自毁。不成熟的性关系,可能会改变青少年的整个人生。因此,青少年在性问题上不可一时冲动,要慎重做出符合自己和对方利益的决定。

发生性行为后,首先是很难摆脱沉重的心理负担。即使学校、家长并不知道,当事者也难以摆脱内心的恐惧、焦虑

和负罪感。因为这样的事不是这个年龄、身份的人应有的行为，会感到来自外界和内心的很大压力。有的少女因一次失足，就变得十分敏感多疑，整日忧心忡忡，无心学习，成绩一落千丈；有的觉得自己很坏、不洁，无脸见人，失去对前途和人生的信心；还有的生怕对方变心，因此整天担忧焦虑，生活难以幸福愉快。

其次是对身体的伤害。青少年发生性行为往往是在双方性冲动的情况下，处于忐忑不安的紧张心情中，彼此缺少安全感，又无避孕准备。这样的性行为很难谈得上和谐理想，更谈不上卫生，还可能带来女性阴道损伤和泌尿生殖系统感染。男方因害怕受孕而体外射精等，也可能引起日后早泄之类的性功能障碍。

性行为带来的最严重问题是少女怀孕。若进行人工流产，由于生殖器尚未完全发育成熟，手术时容易发生子宫损伤；若不进行人工流产，少女妊娠分娩有多方面危害，而且，非婚生育对子女的前途也极其不利。

青少年不洁的性行为还增加了感染性病和艾滋病的可能性。现在我国艾滋病病毒携带者的人数正在迅速增加，感染的机会明显增大。

由此看来，青少年对性行为的抉择将影响自己和另一个人的一生，还有可能殃及一条新生命，怎能不慎重考虑呢？

伊甸园的果子未成熟

## 62. 可否接受他的约会邀请

前不久,我们班一个男生以十分郑重的口气,邀请我星期日同他到郊外一个风景优美的公园去玩。当时我没有一点儿心理准备,在十分慌乱的心境下,推说没空拒绝了。他接着问,什么时候有空?我说,再说吧。这两天,心里就为此事犯嘀咕:他为什么要单独和我一起去玩?我能不能接受他的邀请?

唐 蔓

**唐蔓同学:**

约会,对女孩来说,不是件简单的事。虽然你可能无数次地幻想过将来与自己心爱的"白马王子"约会的情景,可是真的有一天,有位男孩请你去听音乐、看电影或到某个地方去玩时,你大概会经受一番激烈的思想斗争呢。想到可以结交一位异性朋友,满足一下好奇心,禁不住想爽快答应;可转念一想,他会不会有非分之想,期待与我谈恋爱?于是心烦意乱,不知所措。唐蔓同学,此时你是不是就处在这种

矛盾之中？

有这样的矛盾心理是自然且正常的，因为你不知道男孩主动邀请你的真正目的。一般来说，男孩向你主动发出邀请，可能是出于两种动机，一是为建立或增进普通朋友之间的友谊，二是确实想与你谈恋爱。在你决定是否赴约之前，最好先弄清楚对方的用意。

如果这个男孩对你非常关注，平常与你接触时表现得不自然、不坦荡，甚或有超出同学关系的言行举止，那么，这次约会就有可能是他试探你的第一步；如果对方平时有很多的异性朋友，举止言谈大方、坦率，并不在意你与其他男孩的交往，你对他又较为熟悉了解，内心有把握，那么与他单独聊聊天，一块儿玩玩也未尝不可。如果对方只是好意约你去看个电影或一起参加某个活动，只是把你当作众多"玩伴"中的一个，此时你当然可以把这作为一种正常的社会交往大胆赴约。但此次的情况是，你对他的约会请求没有心理准备，而去的地方又是郊外，你是不是觉得没有安全感？你可否建议改去一个咖啡厅聊聊天，或就在室外散散步，看他能否接受。总之，应以自己感到踏实安全的方式答应对方的邀请。

还要提醒你，在这种交往中，你应表现得落落大方，自然坦荡，把握好接触的分寸。作为女学生，要仪表端正，穿着得体，谈吐举止得当，不要使对方产生误解，或引出非分

之想。许多事实证明，在少男少女的交往中，女孩的态度和举动，是在掌握最重要的"主动权"和"控制权"。

对于抱有恋爱目的的约会，如果你没有准备，最好婉言拒绝。只要巧妙得当，既不会伤害对方的自尊心，也可以使男孩子明白你的态度和用意，从而放弃那种想法。

异性交往是每一个人都须面临的重大课题，在交往中，可以消除对异性的神秘感，使身心愉快平和，还可以达到两性优势互补。但是，把握交往的规则和艺术不是那么容易，总是要在探索中找准自己的方位。

唐蔓同学，如果你能恰当地处理好这次约会邀请，相信你就会向成熟迈进一步。

## 63. 青春友情为何难以天长地久

我初二时喜欢上班里的一个男生,我们发誓要天长地久地相爱。但今年,他考上了重点高中,很快就对我冷淡了。上星期天,我碰见他和一个女孩手拉手在街上走,感到很吃惊。我失恋了!他为什么要背叛当初的诺言?我们一年多的感情为何经不起考验?

春 燕

**春燕同学:**

其实你的"失恋"感觉,许许多多从青春期走过来的人都曾有过。

情窦初开的少男少女,随着身体内性激素的大量释放,一方面是由于男女青春体貌发生差异而相互吸引,另一方面是性激素驱使本能上的好奇、神秘、冲动。"同性相斥,异性相吸",正反映了青春期的"性磁场"作用。此时,任何一个吸引你或欣赏你的异性同学,都可能与你建立青春友情,彼此喜欢,甚至信誓旦旦。但是,这不是真正意义上的

爱情，它除了生理土壤外，还缺乏爱情所需要的根基与滋养，难以承受季节的变化，更不用说天长地久了。的确，就像文学家描述的那样，青春友情好似蓝天白云，它纯洁美丽，但短暂脆弱，微风吹来，就会飘散。这是自然，这是规律，无法抗拒。

春燕同学，不是吗？你与初中那位男生的友情，曾是那样纯洁美丽，但它脆弱得经不住季节的风雨，飘走了、消失了。后来浮现于别人头顶的蓝天白云，多半已不再是你的那朵白云了，留在心中的不过是一丝甜蜜的记忆。

中学生的异性友情是一种美好的经历和体验，它丰富了你的人生，增添了你生活的情趣，激发了你的勤奋和自尊。所以，无论他（她）与你相伴的时光多么短暂，你都应心存感激。但是若不明白白云的脆弱与飘浮而执着于其中，就可能陷入"痴心妄想"，徒然伤悲。

## 64. 初恋情结为何令我刻骨铭心

我读高一时有了初恋,是与邻居家的一位男孩,他比我长两岁。我们放学后、节假日在一起度过了许多美好时光。他写给我的几十封情书,至今是我唯一的珍藏品。去年我考上大学,他却落榜了。不久他与父母移民到澳大利亚。起初,还常发电子邮件给我,半年后就杳无音讯了。我对他的感情刻骨铭心,他怎么就不在乎呢?

琳 达

**琳达同学:**

你知道有个心理学名词叫"契可尼效应"吗?这是说一种心理现象,就是对人生中未完成的事件往往留下刻骨铭心的记忆。你对自己那没有完成和未获结果的初恋如此刻骨铭心,正是符合规律的心理现象。

心理学家契可尼做过许多有趣的心理学试验,他发现,人的记忆有特殊的选择性,那些已经完成的事件不容易记住,而未完成的事件却深深地留在记忆中。例如,你期末数

学考试共有 100 道题,其中有 99 道题都完成了,唯独有一道题不会做。当然,这一题对你来说往往也是最难的。下课后,你与同学核对试题答案,终于知道了那道难题应如何解答。后来,那 99 道题被你淡忘了,而没有完成的一道题却被你深深地记住了。

这就是记忆的选择。中学生的初恋多半是得不出答案的难题,属于生活中没有完成的事件。初恋虽无结果,但是过程却可能令你回味无穷。难怪古今中外流传下来的许多鸿篇巨制都是描写青少年男女之间那些没有结果的初恋;而已经完成的恋爱以婚姻为结果,却少有作家涉及,写出来也可能令人不感兴趣。

琳达同学,你用"契可尼效应"来解释自己对初恋的感受,也许就会减轻心中的疑惑与痛苦。